EVA-MARIA BAST | ILONA HÖRATH | PETER MILLIAN

Erlanger Geheimnisse

SPANNENDES AUS DER MITTE FRANKENS
MIT KENNERN DER STADTGESCHICHTE

ERLANGER Nachrichten

Bast, Eva-Maria; Hörath, Ilona; Millian, Peter;
Erlanger Geheimnisse – Spannendes aus der Mitte Frankens - mit Kennern der Stadtgeschichte

ERLANGER NACHRICHTEN in Kooperation mit:
Bast Medien GmbH, St. Ulrich-Str. 11, 88662 Überlingen (verantwortlich)
2. Auflage 2023
ISBN: 978-3-946581-70-3

Lektorat: Manuela Klaas
Covergestaltung: Jarina Binnig, Cornelia Müller, Melanie Kunze
Layout: Homebase – Kommunikation & Design, Jarina Binnig
Grafik: Maps4News & HERE (Karte)
Satz: Melanie Kunze
Druck: Mohn Media Mohndruck GmbH, Gütersloh

Ein Titel der preisgekrönten Reihe *Geheimnisse der Heimat*

Inhalt

Vorwort

Die mehr als 1000-jährige Geschichte Erlangens hat Spuren hinterlassen. Unübersehbare, aber auch ganz verborgene. Es gibt sogar Spuren, bei denen gebürtige Erlanger ins Staunen geraten. Wer weiß schon, warum in den Burgbergkellern einmal Gold lagerte? Oder was es mit einem kleinen Rind und einem kleinen Hund auf sich hat, die in Stein erstarrt an einem Haus verewigt sind?

Auch wenn ich ein nach Erlangen zugereister Franke bin und mich heute in der Hugenottenstadt heimisch fühle, dachte ich bislang immer, mehr oder weniger alles über Erlangen zu wissen. Darf ich doch stellvertretend für die Leserinnen und Leser der *Erlanger Nachrichten* die Nase neugierig in allerlei Spannendes stecken! Mittlerweile versuche ich im Biergarten der Kitzmann Bräuschänke immer dort Platz zu nehmen, wo ich möglichst den besten Blick auf das ungewöhnliche Überbleibsel eines Balkons am Egloffstein'schen Palais habe. Jahrzehntelang habe ich es einfach nicht bemerkt. Wie ich auf diese Besonderheit aufmerksam wurde? Natürlich durch die Lektüre der *Erlanger Geheimnisse*.

Gerade dieses Beispiel spricht für die Qualität des Buches. Das Autorentrio, allesamt leidenschaftliche Journalisten, hat Relikte ausgegraben, die bei vielen Lesern für einen kräftigen Wow-Effekt sorgen werden. Heimatgeschichte kann eben doch ziemlich spannend sein. Und selbst bei den vorgestellten Relikten, die man/frau vermeintlich bestens zu kennen scheint, gibt es immer wieder neue Nuancen zu entdecken.

Mehr noch. Die Lektüre des Buches wird, da bin ich mir sicher, dazu führen, dass wir alle, gebürtige oder zugereiste Erlanger sowie Gäste, zukünftig mit offenen Augen durch unser Städtchen gehen. Die „Geheimnisse“ machen neugierig darauf, Altes zu entdecken und fast Verschwundenes dem Vergessen zu entreißen.

Manchmal scheint es, als warteten die faszinierenden Zeugnisse der Geschichte förmlich darauf, endlich beachtet zu werden – wie beim Balkon am Egloffstein'schen Palais. Und manchmal laufen wir achtlos an ihnen vorbei – Tag für Tag, hierzu empfehle ich das Kapitel über ein Stück der alten Stadtmauer im Erlanger Bahnhof.

Wer diesen Band gelesen hat, was man übrigens auch gut kreuz und quer tun kann, weiß, dass Wissen manchmal auch Ah! macht. Vor allem, wenn es akribisch recherchiert und mit viel Liebe und auch Sachverstand aufbereitet wurde wie in diesem Band.

Also: Daumen hoch für die *Erlanger Geheimnisse*. Ich wünsche Ihnen viel Spaß beim Lesen!

Markus Hörath
Redaktionsleiter Erlanger Nachrichten

Die Autoren

Eva-Maria Bast, Jahrgang 1978, ist Geschäftsführerin der Bast Medien GmbH. Sie initiierte und schreibt die Buchreihe *Geheimnisse der Heimat*, die 2011 startete, rasch zu einem Bestseller wurde und die 2019 in knapp 70 Bänden vorliegt. Bast wurde für ihre Arbeit mehrfach ausgezeichnet, unter anderem erhielt sie für die *Geheimnisse* den Lokaljournalistenpreis der Konrad-Adenauer-Stiftung. Eva-Maria Bast ist Dozentin an der Hochschule der Medien in Stuttgart und auch Romanautorin, unter anderem mit Jørn Precht unter dem Pseudonym Charlotte Jacobi.

Ilona Hörath, Jahrgang 1965, studierte Theaterwissenschaften, Germanistik und Philosophie. Die Autorin und Journalistin schreibt seit mehr als 25 Jahren für Publikums- und Fachmedien, darunter *Bayerischer Rundfunk* und *Nürnberger Nachrichten*. Ihre Themenschwerpunkte sind Wirtschaft, Technik, Medizin und Gesellschaft. Als Kommunikationsexpertin unterstützt sie Unternehmen, Institutionen und wissenschaftliche Einrichtungen bei der Presse- und Öffentlichkeitsarbeit sowie bei Buchprojekten.

Peter Millian, Jahrgang 1950, war nach kurzen Engagements bei zwei oberfränkischen Tageszeitungen über 40 Jahre lang Redakteur in verschiedenen Redaktionen der *Nürnberger Nachrichten*, zuletzt bei den *Erlanger Nachrichten*. Sein Betätigungsfeld reichte von der Politik-, Wirtschafts- und Lokalberichterstattung bis zur Reportage. Heute ist er Freier Mitarbeiter bei diesen Zeitungen.

01

Zangenloch

Von der Kunst, sich die Arbeit zu erleichtern

Einen Emmentaler Käse ohne Löcher würde wohl kaum jemand für einen typischen Emmentaler Käse halten. Löcher sind eben sein Erkennungsmerkmal. Löcher weisen auch manche Steine auf, aus denen die Stadtmauer am Saugraben besteht. Beim Käse entstehen die Löcher während der Fermentierung, also der Gärung. Für den Stein gilt das natürlich nicht. Doch wie kommen die Löcher in die Steine? Vielleicht hilft ein Hinweis weiter, wann die Steine zum Saugraben gelangten.

„König Wenzel erhob Erlangen 1398 zur Stadt", beginnt Thomas Engelhardt, ehemaliger Leiter des Stadtmuseums, seine Ausführungen. „Damit erhielt sie auch das Befestigungsrecht, das es ihr erlaubte, die Stadtmauer zu bauen, sowie das Recht, zur Finanzierung dieses Bauwerks Steuern und Abgaben zur erheben." Die Stadtmauer entstand dann wohl in den folgenden Jahrzehnten, also in der ersten Hälfte des 15. Jahrhunderts. „Sie gilt als das wichtigste Baudenkmal aus der Zeit, als Erlangen eine Stadt wurde", sagt Engelhardt, der sich im Vorstand des Heimat- und Geschichtsverein engagiert.

Weil das Areal, an dem die Mauer errichtet wurde, an einer Böschung lag und sich in Richtung des Flusses Schwabach, also gen Norden, terrassenartig fortsetzte, diente die Befestigung zugleich als Böschungs- oder Stützmauer. „Wie die Mauer ursprünglich ausgesehen hatte, wissen wir nicht sicher. Vermutlich besaß sie einen offenen Wehrgang mit Zinnen oder einen überdachten mit Schießscharten wie die spätmittelalterlichen Stadtmauern anderer Städte", erklärt Engelhardt. „Wären Häuser darauf gestanden, hätte die Mauer ihre militärische Funktion verloren."

Sicher aber ist, dass die Mauer ziemlich löchrig ist. Zumindest deren Steine. Und dann deckt Thomas Engelhardt auf: „Bei den Steinen handelt es sich um Buckelquader mit Randschlag." Will heißen: „Die Steinhauer beschlugen die Steine nur an den Ecken und Kanten

Thomas Engelhardt ertastet die Ausmaße eines Zangenlochs.

gleichmäßig, sodass man sie besser aufeinandersetzen konnte. In der Mitte blieb ein Buckel stehen, weil das weniger Arbeit machte", weiß Engelhardt. Mehr noch: In den Stein schlugen die Handwerker außerdem eine Vertiefung, in die die Enden einer Mauerzange griffen. So ließen sich die Steine festhalten und mit einem Kran in die Höhe hieven.

Allzulange hielt das Bauwerk den Stürmen der Zeit nicht stand. Zwei Markgrafenkriege und der Dreißigjährige Krieg (1618-1648) setzten ihm später massiv zu. Als die beschädigten Stellen geflickt wurden, kamen diesmal glatte Quadersteine zum Einsatz. Nach 1648 verlor die Mauer ihre militärische Funktion und wurde nun als Polizei- und Zollmauer genutzt – wie die Stadtmauer der Erlanger Neustadt (siehe Geheimnis 45). „Erst seit dieser Zeit wurden die Wohnhäuser, Scheunen und Lagerhäuser an oder auf der Stadtmauer errichtet", klärt Thomas Engelhardt auf.

„Die Steinhauer beschlugen die Steine nur an den Ecken und Kanten gleichmäßig, sodass man sie besser aufeinandersetzen konnte. In der Mitte blieb ein Buckel bestehen, weil das weniger Arbeit machte."

Die Zangenlöcher sind jahrhundertealt, sie halten für eine halbe Ewigkeit. So lange sollte man Emmentaler Käse nicht lagern.

Ilona Hörath

So geht's zum Zangenloch:

Die Zangenlöcher entdeckt, wer die Nördliche Stadtmauerstraße entlangläuft, in der Stadtmauer.

Das Hohenzollernwappen am ehemaligen Zwinger.

02

Wappen

Vor dem Abriss gerettet

Es ist wie eine Schnitzeljagd. Nur für Erwachsene. Die Eckdaten hat Stadtkenner Bernd Nürmberger verraten: An der westlichen Stadtmauerstraße 31 ist es versteckt, in einem ganz spitzen Winkel. Die westliche Stadtmauerstraße 31 präsentiert sich auf den ersten Blick als relativ niedriger Bau, von einem spitzen Winkel ist zunächst weit und breit nichts zu sehen. Doch wer hinter dem Haus die Treppe hinuntergeht, entdeckt ihn schließlich: Direkt neben dem Torbogen, der hinaus zum Fuchsengarten führt, befindet sich der spitze Winkel und in ihm das Wappen der Hohenzollern. „Ich bin damals durch Zufall darauf aufmerksam geworden und habe es gerettet“, sagt der geschichtskundige Erlanger. Und das kam so: Nürmberger ist Obmann des Arbeitskreises Innenstadt beim Heimat- und Geschichtsverein. „Im Jahr 1990 sollte das Gebäude saniert werden und da haben wir archäologische Grabungen angeregt und auch finanziell unterstützt", sagt er. „Das war goldrichtig, denn es brachte bemerkenswerte Erkenntnisse zu diesem ältesten Haus Erlangens hervor." Und auch das Wappen wurde in diesem Zuge entdeckt. „Es sollte eigentlich abgeschlagen werden, als überhängender Teil der in Schieflage geratenen Stadtmauer. Durch meinen Hinweis blieb es aber erhalten", sagt Nürmberger nicht ohne Stolz. Die Mauer, an der es prangt, gehört zum einstigen Zwinger, der wiederum Teil der spätmittelalterlichen Stadtbefestigung war. „Und in diesem Zwinger befand sich das Badhaus", erzählt der stadtbekannte Apotheker über die Geschichte des Gebäudes.

„Es sollte eigentlich abgeschlagen werden, als überhängender Teil der in Schieflage geratenen Stadtmauer."

Badhäuser gab es im Mittelalter und der Frühen Neuzeit in vielen Städten und Dörfern. Im *Stadtlexikon* ist dazu zu lesen: „Der Pächter, in der Regel ein Bader, musste wöchentlich 31 Pf. in die Stadtkasse entrichten. [...] Über den Badebetrieb ist nichts bekannt. Vermutlich wurden vor der Reformation auch in E[rlangen] sog. Seelbäder abgehalten, bei denen arme Leute eine Mahlzeit und ein Bad erhielten, und dafür des Stifters gedenken mussten."

Wer nun aber glaubt, der Bader sei lediglich dafür zuständig gewesen, den Kunden ihre Wannen mit warmem Wasser zu füllen, irrt: „Sie waren auch Barbiere und Friseure und verdingten sich medizinisch", stellt Nürmberger klar. Menschen, die sich den Arztbesuch nicht leisten konnten, suchten Bader auf, wenn ein Bruch geschient, eine Wunde genäht oder ein Zahn gezogen werden musste und in manchen Badehäusern ging es, um es zurückhaltend zu formulieren, auch nicht immer ganz gesittet zu.

Das Badhaus an der Zwingermauer war aber nicht das einzige dieser Art: „ In E[rlangen] praktizierten in der zweiten Hälfte des 18. Jh. fünf B[ader] und Chirurgi, 1858 gab es sechs, 1869 15 B[ader] und zwei B[ader]-Gehilfen, 1908 acht B[ader]", ist im *Stadtlexikon* zu erfahren. Und weiter: „Nachdem Bayern 1819 den wie die Hebammen zum „niederärztlichen Personal" gerechneten Berufsstand des approbierten B[ader] eingeführt hatte (heute: Med. Bademeister), der eingeschränkt med. Tätigkeiten ausübte, und der Barbier durch den spezialisierten Friseur abgelöst wurde, starb der traditionelle Berufsstand des B[aders] aus."

Das Badhaus an der Zwingermauer wurde aber bereits ab dem Jahr 1720 nicht mehr als solches genutzt. Der Magistrat verkaufte das Gebäude und im 18. Jahrhundert, als die neue Stadtmauer errichtet wurde, wurde es „in den befestigten Stadtbereich einbezogen."

Und was hat das alles mit den Hohenzollern zu tun? „Sie waren ja damals Herrscher in Erlangen und taten dies an vielen verschiedenen Stellen mit ihrem Wappen kund", erklärt der geschichtskundige Erlanger. Das Geschlecht der Hohenzollern ist seit dem 11. Jahrhundert nachweisbar und bestand aus einer schwäbischen und einer fränkischen Linie, die 1363 von Kaiser Karl IV. (1316-1378) in den Reichsfürstenstand erhoben wurde. 1402 erhielten die Hohenzollern von König Wenzel (1361-1419) auch die Stadt Erlangen, „die mit Baiersdorf 1404 dem Unterland ihres entstehenden Markgraftums Kulmbach-Bayreuth zugeteilt wurde", wie das *Stadtlexikon* schreibt.

Über 400 Jahre, von 1402 bis 1806, habe Erlangen zum Herrschaftsbereich der Hohenzollern gehört, unterstreicht Nürmberger. Und in dieser Zeit sind jede Menge Wappen an den profanen und sakralen Gebäuden der Stadt angebracht worden. Unter anderem eben jenes kleine Wappen im spitzen Winkel am einstigen Zwinger. Das von Bernd Nürmberger gerettet wurde.

Eva-Maria Bast

So geht's zum Wappen:

Es befindet sich am Gebäude Westliche Stadtmauerstraße 31: Man muss das Haus passieren und die Treppen an seinem Ende hinabgehen. Bevor man durch den Torbogen auf den Fuchsengarten tritt, sieht man es neben dem Tor auf der rechten Seite in einem spitzen Winkel.

116

03

Initialen

Ein Brief verändert die preußische Geschichte

Die Inschrift über der Eingangstür macht neugierig: Zwei Schnörkel sind hier zu erkennen, außerdem eine 7 und eine Null - eine Zahlenkombination, die man mit etwas Fantasie als Jahreszahl 1710 ausmachen kann. Dann noch Initialen: Ein G, ein W und nochmal ein W. Was hat es damit auf sich? Bevor Dieter Gewalt dieses Rätsel lüftet, will er zunächst noch etwas weiter ausholen und eine äußerst spannende Anekdote erzählen. „Man sieht diesem Haus nicht an, dass darin europäische Geschichte geschrieben wurde“, sagt der Erlanger. „Aber die Geschichte Preußens und damit die der Monarchien im Zeitalter der Aufklärung stehen in einem engen Zusammenhang mit einem Irrtum, den man als verhängnisvoll bezeichnen kann – oder aber als glücklich.“ Das bedeutsame Geschehen – wir schreiben das Jahr 1730 – hängt mit der Funktion des heute von der Familie Gewalt bewohnten Hauses in der Hauptstraße 116 im 18. Jahrhundert zusammen, als sich hier eine Poststation des Regensburger Botenunternehmens Thurn & Taxis befand. In dem Gebäude war also ein Vorläufer der modernen Post untergebracht, in einer Zeit, als noch reitende Boten und Postkutschen Briefe, Botschaften, Akten, Stückgut und Personen beförderten.

Und der tragische Irrtum? Der bestand darin – so hat es der Schriftsteller Theodor Fontane (1819-1898) überliefert –, dass ein unvollständig adressierter Brief an einen hier stationierten Offizier der preußischen Armee ging, der eigentlich für seinen Namensvetter und Militär in Berlin bestimmt war. Der Inhalt dieses Briefes war brisant, handelte er doch von der Absicht des jungen Kronprinzen Friedrich (1712-1786), der später den Zusatz „der Große“ erhalten sollte, vor den drakonischen Erziehungsmethoden seines despotischen Vaters Friedrich Wilhelm I. (1688-1740) nach England zu fliehen. In dem Brief schreibt der junge Friedrich seinem Vertrauten in Berlin, einem

Dieter Gewalt weiß, was es mit den Zahlen und Buchstaben über der Tür auf sich hat.

Leutnant von Katte, dass er nicht länger abwarten und seinen Aufenthalt in Süddeutschland zur Flucht nutzen wolle.

Durch das Fehlen einer genauen Adresse – so die geläufige Darstellung – wird dieser Brief jedoch im Nürnberger Oberpostamt statt nach Berlin nach Erlangen geleitet, wo sich ein hier stationierter Rittmeister von Katte (ein Vetter des Berliner Leutnants) aufhält. „Und in Erlangen hat der damalige Reichsposthalter Georg Wels wohl in bester Absicht den Brief dem Rittmeister zugestellt", erzählt Dieter Gewalt, „nicht ahnend, was er damit auslöst."
In einer neueren Version der Geschichte, die Stadtarchivar Andreas Jakob in einer Ausstellung anlässlich des 300. Geburtstag von Friedrich dem Großen in Potsdam entdeckte, hat sich der gerade mal 18-jährige Kronprinz Friedrich bei einem kurzen Aufenthalt in Erlangen direkt an den hiesigen Rittmeister und Namensvetter von Katte gewandt und ihn in seine Fluchtpläne eingeweiht. Dieser aber habe abgelehnt und vor der Flucht gewarnt. So oder so: Der Rittmeister bleibt gegenüber seinem König loyal und unterrichtet ihn per Boten von den Plänen des Sohnes – der Berliner Mitwisser der Friedrich'schen Pläne, Leutnant Hans Hermann von Katte (geb. 1704), wird im Beisein des Kronprinzen 1730 in Küstrin geköpft, er selbst so lange in der dortigen Festung eingekerkert, bis er sich dem Vater unterwirft. „Natürlich ließe sich trefflich spekulieren, welche Wendungen die europäische Geschichte genommen hätte, wenn es anders gekommen wäre", sinniert Dieter Gewalt, „möglicherweise wären dem Kontinent so manche der folgenden militärischen Auseinandersetzungen wie der Siebenjährige Krieg gegen Russland und Habsburg erspart geblieben."

Die Inschrift über dem Eingang.

Näher als diese bemerkenswerte Anekdote liegt dem Senior der Brauer- und Mälzerfamilie Steinbach/Gewalt aber die „Familiengeschichte“ des Hauses selbst, das über eineinhalb Jahrhunderte eng mit dem Namen der Posthalterdynastie Wels verbunden ist. Und nun nähert er sich auch der Antwort auf die Frage, was es mit der Inschrift über der Tür auf sich hat: Es handelt sich, neben der Jahreszahl 1710, in der das Haus erbaut wurde - also vier Jahre nach dem verheerenden Stadtbrand vom 14. August 1706 - um die Initialen seines Vorfahren Georg Wels. Über eine wechselvolle Geschichte geriet das Anwesen mit seinem großen Hof und Remisen für Kutschen und Pferde im Jahr 1861 an die Familie von Carl Steinbach (1835-1902). Er übernahm das Haus vor allem deswegen, weil es seit seinen Zeiten als Poststation stets auch eine Hausbrauerei und einen Ausschank hatte und für eine Ausweitung der Bierproduktion nach dem Ende des Postwesens geeignet erschien.

Diese Nutzung dauert bis heute an. Nachdem zwei Söhne Carl Steinbachs durch die Wirtschaftskrise nach dem Ersten Weltkrieg die Brauerei aufgaben und sich auf die Malzherstellung konzentrierten, war es dann erst der Enkel Dieter Gewalt, der – selbst Diplom-Braumeister – wieder eine wirtschaftliche Basis schaffen konnte. Seine beiden Söhne – Jörg für die Mälzerei (heute in Schwabach) und Christoph für den Braubetrieb – haben mit der 1995 wiedergegründeten Steinbach-Brauerei auf dem ehemaligen Mälzerei-Gelände in der Vierzigmannstraße wieder einen florierenden Braubetrieb geschaffen. All diesen Wandel hat die Inschrift über der Eingangstür überdauert. Und kündet stumm von Zeiten, als hier ein falsch zugestellter Brief für ein Erdbeben im Preußischen sorgte.

Peter Millian

So geht’s zu den Initialen:

Die Initialen befinden am Gebäude Hauptstraße 116.

04

Dreifuß

Unterwegs im Idyll

Wie wäre es eigentlich, statt zweien gleich drei Füße zu haben? Ließe sich der Burgberg so besser erklimmen? Denn wer hoch zum Skulpturengarten möchte, sollte gut zu Fuß sein und bequeme Schuhe tragen. Kurz hinter dem Eingang ist der Weg steil, danach führt er auf fast verschlungenen Pfaden zu einem Geheimnis, das einer anatomischen Kuriosität gleicht. Hannelore Heil-Vestner trägt jedenfalls die passende Fußbekleidung, als sie nach ihren Lieblingen schaut: dem *Wächter im Garten Eden*, dem *Prometheus*, der *Schlanken Gestalt* oder dem *Friedensboten*. Allesamt in der Form sehr reduzierte Bronze- und Blech-Skulpturen im Großformat, die Heinrich Kirchner (1902-1984) erschaffen hat.

„Der Garten ist mein Lieblingsort in Erlangen", sagt Hannelore Heil-Vestner. Entstanden ist der Burgberggarten 1972, als die Stadt vier ältere Gärten zusammengelegt hat. Zum parkähnlichen Skulpturengarten umgewandelt wurde er anlässlich Kirchners 80. Geburtstag im Jahr 1982, und Hannelore Heil-Vestner half dabei. Aus einem für sie plausiblen Grund: „Der Bürger muss sich engagieren, will er etwas Schönes haben."

Mit Heinrich Kirchner verbindet Hannelore Heil-Vestner etwas ganz Persönliches. Nicht nur, dass sie den Künstler und seine Skulpturen bewundert und sein Werk intensiv studiert hat, Hannelore Heil-Vestner pflegte mit dem gebürtigen Erlanger auch eine jahrelange Freundschaft. „Mein Mann und ich haben viele Nächte mit ihm diskutiert und über seine Skulpturen geredet. Das hat uns Denkanstöße gegeben", sagt die passionierte Kunstliebhaberin und Kunstförderin. Kennengelernt haben sich die Beiden in den 1970er-Jahren, als Hannelore Heil-Vestner den Künstler spontan an seinem Wohnort Pavolding in Oberbayern besuchte. Als sie sich bei ihm vorstellte, wusste Kirchner sofort, dass eine Erlangerin vor ihm stand: Er erkannte ihren Familiennamen wieder. „Sein Vater und mein Großvater haben ihre

Hannelore Heil-Vestner im Größenvergleich mit dem Wanderer Abraham, den eine anatomische Besonderheit auszeichnet.

Meisterprüfung gemeinsam abgelegt", erzählt sie. Gut erinnert sie sich auch daran, wie sie zusammen mit dem Bildhauer und ihrem Ehemann sowie einigen Helfern eine drei Meter hohe tonnenschwere Pferdeskulptur im Burgberggarten aufstellte. Das Tagwerk schien vollbracht. Doch beim gemeinsamen Abendessen meinte Kirchner, dass es so nicht stehen bleiben könne. „‚Morgen stellen wir es wieder um', sagte er trocken", so erzählt es Heil-Vestner und erklärt: „Er konnte es nicht dulden, dass das Pferd mit seinem Hinterteil auf seine Heimatstadt schaut." Das Tier steht auf vier Beinen – um das Geheimnis mit drei Füßen kann es sich also nicht handeln. Zu entdecken ist es aber weiter oben im Skulpturengarten. „Um die Bronze muss man einfach mal herumlaufen", rät Hannelore Heil-Vestner und zeigt auf die Füße einer 2,37 Meter hohen Plastik, die 1957 entstanden ist: Der *Wanderer Abraham* scheint zu gehen, und unter dem bodenlangen Gewand spitzt ein dritter Fuß hervor. In dem kleinen Katalog *Heinrich Kirchner Skulpturengarten* heißt es dazu: „Die drei aus dem Gewand hervorragenden Füße, mit denen Kirchner das Motiv der drei Weltreligionen erneut aufgreift, vermitteln den Eindruck des Unterwegsseins."

Wer genau hinschaut, entdeckt den dritten Fuß.

Genau hinschauen lohnt sich also, wenn Kunst neue Perspektiven aufzeigt – ob mit einem, zweien oder auch mit drei Füßen.

Ilona Hörath

So geht's zum Dreifuß:

Der Dreifuß steht im oberen Teil des Heinrich-Kirchner-Skulpturengartens. Zu erreichen ist er über den Eingang An den Kellern.

Das Gebäude ist hübsch, aber unscheinbar. Von seiner wechselvollen Geschichte sieht man ihm nichts an.

05

Gelbes Haus

Kämme und ein Krankenhaus

Die Fassade ist nichtssagend, das Haus hübsch, gelb und langgestreckt. Man würde gar nicht vermuten, was für eine spannende Geschichte hinter der Fassade steckt: Zunächst war es markgräflicher Bauhof, dann kam ein Kapitel, das für Erlangens Universitätsgeschichte wegweisend war: Im Grunde war hier der Vorläufer des Krankenhauses untergebracht. Schließlich und endlich wurde das kleine, langgestreckte Haus gar zur Kammfabrik. Und das kam so:

Um 1800 war Erlangen eine der wenigen Universitätsstädte, die keine Krankenhausbetten für die Zivilbevölkerung bereithielt. Dafür gab es aber zwei Männer, die vorhatten, das zu ändern und die ihr Vorhaben auch in die Tat umsetzten . Über ihre Tatkraft und Geschichte ist im *Stadtlexikon* an verschiedenen Stellen nachzulesen: Der Mediziner Friedrich von Wendt (1738-1818) und der Chirurg Prof. Dr. Bernhard Schreger (1766-1825). Wendt formulierte bereits kurz nach seiner Ankunft im Jahr 1778 in Erlangen, wohin er als Professor der Arzneiheilkunde berufen worden war, die Forderung, ein Universitätskrankenhaus einzurichten. Im selben Jahr gründete er in seiner Wohnung das „Collegium clinicum", in dem Studenten unter seiner Aufsicht Patienten behandelten. Das „Went'sche Institut", wie es genannt wurde, ging zwei Jahre später ganz offiziell in das „Institutum Clinicum" über – und zog um: in das Haus „Südliche Stadtmauerstraße 28". Sein Kollege Bernhard Schreger schloss sich der Forderung nach einem Universitätsklinikum an und die beiden Ärzte waren erfolgreich: Im Jahr 1803 wurde im Osten des Stadtgartens der Grundstein gelegt. Doch dann passierte lange Zeit nichts, was auch an den unruhigen Zeiten lag, in denen Napoleon durch die Lande zog, in denen säkularisiert wurde. Und irgendwann hatten die beiden Mediziner keine Lust mehr zu warten: Sie überführten Wendts „Institutum Clinicum" kurzerhand ins sogenannte „Clinicum chirurgicum", das im November 1815 das Haus in der Wasserturmstraße bezog. Eine Klinik mit acht Betten war, im kleineren Format, geboren, neben stationären gab es auch ambulante Behandlungen und wieder durften Studenten mithelfen. Es ging den Medizinern auch darum, dass die Studenten nicht nur in der Theorie oder am Verstorbenen lernten, sondern am Patienten. Auch die Armen profitierten von dieser Einrichtung, denn endlich hatten sie die Gelegenheit, ärztliche Hilfe in Anspruch zu nehmen.Auch wenn sie zunächst skeptisch waren, fassten sie doch nach und nach immer mehr Vertrauen zu den Medizinern und ihren Studenten.

Als das Krankenhaus 1816 weitergebaut und dann doch noch im Jahr 1824 (siehe Geheimnis 18) eröffnet wurde, ernannte man Schreger zum Leiter der Chirurgie, Wendt war inzwischen verstorben. Damit war die Zeit in der Wasserturmstraße vorbei, hier zog nun die 1825 gegründete Kammfabrik J. Gg. Bücking ein: Sie war seit 1746 in Erlangen beheimatet und sowohl regional als auch überregional sehr erfolgreich. Und die Firma war ausgesprochen fortschrittlich: Bücking war der erste, der 1845 eine Dampfmaschine in Erlangen einsetzte.

Und nicht nur das: In der Kammmacherei war er der erste in ganz Deutschland. Mut macht sich bezahlt und Bücking wurde für seinen Mut reich belohnt: „Mitte des 19. Jh. beherrschten er und sein Sohn Thomas, der seit 1845 an den Werkern einen eigenen mit Wasserkraft arbeitenden Industriebetrieb leitete, der knapp 50 Jahre existierte, fast den gesamten dt. Markt", schreibt das *Stadtlexikon*. Allerdings bediente man sich eines problematischen Materials: Elfenbein. Und dieses zu bekommen, wurde um die Jahrhundertwende immer schwieriger, zumal mit dem Zelluloid ein großer Konkurrenzstoff auf den Markt kam. Doch die Kammmacherei hielt mit, modernisierte den Betrieb durch Elektrifizierung und stellte fortan auch Kämme aus Acetat her. Es lief immer noch gut. Bis die Konkurrrenz aus dem Fernen Osten im Jahr 1976 so groß wurde, dass das Unternehmen die Kammmacherei einstellte. Elfenbein wird in der Fabrik allerdings noch heute verarbeitet - für hochwertge Musikinstrumente.

In dem niedrigen, langgestreckten gelben Haus gingen und gehen also seit vielen Jahrzehnten innovative, fortschrittliche und wagemutige Menschen ihrem Tagwerk nach. Ob sie nun Kämme fertigten oder Patienten behandelten: Der Unternehmergeist und das Brennen für die auserwählte Tätigkeit war ihnen gemein. Dazu passt das freundliche Gelb der Fassade eigentlich ganz gut.

Eva-Maria Bast

So geht's zum gelben Haus:

Es steht in der Wasserturmstraße 14.

LEDERER
BRÄU
Kulisse
Bar & Restaurant

Reifbräu-Stüberl

Erlangens Biergeschichte und ihre Zeugnisse

Es gehört wohl zu den eher bitteren Fußnoten der drei Jahrhunderte währenden und äußerst erfolgreichen Erlanger Biergeschichte, dass die Leuchtreklame einer erfolgreichen Bierwirtschaft – dem Reifbräu-Stüberl in der Theaterstraße – längst defekt und von wildem Wein überwuchert ist. Die einst knallige Reklame für ein beliebtes Erlanger Bier erstickt von Weinranken: wenn das mal kein Zeichen ist. Ein Zeichen, das taugt, dem Erlanger Bierkundigen Jochen Buchelt, der für den Heimat- und Geschichtsverein die Erlanger Biergeschichte aufgeschrieben hat und diese förmlich „lebt", die Tränen in die Augen zu treiben.

Von der Brauerei Reif, die später mit einem Konkurrenten zur Henninger-Reifbräu fusionierte und damit zum erfolgreichsten Unternehmen unter den Erlanger Brauereien wurde, wissen nur noch alte Erlanger zu berichten. Oder solche, die sich kundig gemacht haben. Am besten bei Jochen Buchelt. Er kennt die Orte, an denen Erlangens einst 16 (!) Brauereien eine wechselvolle Geschichte erlebten und ihre Spuren in Tafeln, Leuchtreklamen und Stuckaufträgen auf den Hausmauern hinterließen. Man findet sie allenthalben – allein von der Brauerei Reif gibt es noch etliche Namenszüge an Hauswänden oder in Hauszeichen versteckte Symbole, die aus Denkmalschutzgründen noch erhalten blieben, obwohl die Brauereien oder Gastwirtschaften längst nicht mehr existieren.

Die 300 Jahre währende Erlanger Braugeschichte ist ausgesprochen abwechslungsreich, es wurden Hausbrauereien gegründet und wieder eingestellt, andere fusionierten zu stabileren Unternehmen, nur wenige erlangten eine Bedeutung über die Stadt hinaus. Zu diesen Ausnahmen gehört die Henninger-Reifbräu, das „Flaggschiff der Erlanger Brauereien", wie Jochen Buchelt sagt.

Schon vor der Fusion mit der Reifbräu im Jahr 1906 hatte die Brauerei Henninger – gegründet im Jahr 1699 von einem Georg Vier-

Jochen Buchelt blickt zu der von Wein überwachsenen Leuchtreklame.

zigmann – Mitte des 19. Jahrhunderts eine moderne Braustätte mit der ersten Dampfmaschine Erlangens errichtet und Bier exportiert. Der wirtschaftliche Erfolg fußte vor allem auf der guten Qualität des Produkts, für die die Brauerei bei Messen immer neue Auszeichnungen erhielt und Erlangen als Bierstadt eine nationalen Ruf verschaffte. „Erlangen", sagt Jochen Buchelt, „war damals die deutsche Bier-Hauptstadt." Und, so fügt er an, sein Exportbier war auch in Übersee so beliebt, dass es in den USA das ‚Erlanger' sogar als Marke gab – und bis heute gibt."

Der zu Beginn des 20. Jahrhunderts eingeheiratete Partner der Henninger-Brauerei, die Reifbräu, verschaffte den nunmehr vereinigten Biersiedern zusätzliche Schubkraft, schaffte aber auch Raumprobleme. So wurde das alte Innenstadtgelände der Reifbräu aufgegeben – alles konzentrierte sich dort, wo sich heute der Altstadtmarkt als westliche Begrenzung der Innenstadt befindet. „Der vorhandene Gleisanschluss war natürlich ein Standortvorteil für eine Exportbrauerei", so Buchelt, „noch in den 1960er-Jahren liefen eigene Bahnwaggons an die Fernkunden." Als im nahen Nürnberg aus etlichen Brauereien ein Konzern mit dem Kunstnamen „Patrizier" geschmiedet wurde, war es um die Henninger-Reifbräu aus Erlangen geschehen – die neuen Eigner (eine große bayerische Bank) verkauften Erlangens größte Brauerei nach Nürnberg. 1974 wurde die Erlanger Sudstätte geschlossen, das Gelände an einen Immobilieninvestor verkauft.

Alte Außenleuchte mit dem Reifbräu-Schriftzug.

In diesen Sog gerieten denn auch die einstigen Schankstätten, die umfirmieren mussten. Reifbräu-Stüberl? „Das war einmal“, sagt Buchelt nicht ohne Bedauern. Seit einiger Zeit trägt er eine Stofftasche mit dem Wappen der Erlanger Traditionsbrauerei Kitzmann mit sich. Diese war im Jahr 1712 als Konkurrenz zur Reifbräu gegründet worden und bis 2018 die letzte große Braustätte Erlangens mit einem Jahresausstoß von fast 100.000 Hektolitern und brauereigebundenen Gaststätten in ganz Franken. Aber auch dieses Stück Erlanger Biergeschichte ist beendet – im Herbst 2018 gingen die Namensrechte an eine Kulmbacher Brauerei, das Brauereigelände an einen Investor. Buchelt bleibt nur noch die Kitzmann-Stofftasche: „Das ist mein persönlicher Protest gegen das Verschwinden dieser 300 Jahre alten Traditionsbrauerei.“

Tröstliches? Nun ja, gebraut wird in Erlangen weiterhin, junge Brauer wie Christoph Gewalt (Brauerei Steinbach) oder Vinzenz Schiller (Entla's-Keller) haben eigene Sudstätten, und im Vorort Kosbach entstand die Hausbrauerei Oberle. „Aber vielleicht ist durch neue Brautechniken die Zeit der Großbrauereien vorbei“, mutmaßt er. Und: „In Franken gab es immer schon viele kleine Braustätten. Schließlich sind wir hier die Gegend Deutschlands mit der größten Brauereidichte.“

Peter Millian

So geht's zum Reifbräu-Stüberl:

Das Reifbräu-Stüberl, heute die Gaststätte „Kulisse“, ist in der Theaterstraße 8 zu finden.

0163 1–4
Intr 784
179 1
044 2+3
274
358 1–4
044 1+4
0163 5

07

Steinblock

Gläubige, die Spuren hinterließen

Auf den ersten Blick sieht er aus wie eine Steinbank, auf der schon sehr viele Menschen gesessen haben und die deshalb stellenweise ganz abgeschabt, ja, regelrecht ausgehöhlt ist. Gertrud Trojanski, die sich ehrenamtlich in der Brucker Kirche St. Peter und Paul engagiert, hat schon einge Geschichten über diesen Steinblock geschrieben und etliche Stunden über ihn recherchiert. Sie weiß, dass die Aushöhlungen mitnichten von den Allerwertesten, sondern von Füßen stammen. Und dass es sich bei dem Steinblock nicht um eine Bank, sondern um einen Grabstein handelt. Ein Grabstein, der mit Füßen getreten wird? So furchtbar ungewöhnlich ist das nicht, man denke nur an die vielen Epitaphien, die in Kirchenböden eingelassen sind und über die zahlreiche Gläubige und ihre Besucher tagtäglich schreiten, ohne sich groß Gedanken darüber zu machen. Ganz ähnlich war es auch mit diesem Grabstein, der 1958 bei einer letzen großen Renovierung unter dem Bodenbelag entdeckt wurde. Gertrud Trojanski zitiert den damaligen Pfarrer Kaeppel, der seinerzeit berichtete: „Völlig neue, noch von keinem Auge geschaute Entdeckungen traten uns entgegen bei der Öffnung des Fußbodens im Kirchenschiff: Es fand sich unter dem Boden aus Solnhofer Platten ein weiterer Boden aus Sandsteinquadern, über den die Brucker jahrhundertelang in die Bankreihen ihrer Kirche traten. Ein Stein dieses Bodens, der zugleich eine Grabplatte mit Wappen ist, zeigt zwei tiefe muldenförmige Aushöhlungen, welche dort entstanden sind, wo man einst in die seitlichen Kirchenbänke trat". Jahrhundertelang hatte der Grabstein also als Teil des Bodens direkt neben den Kirchenbänken gelegen; die Mulden entstanden durch die Füße der Gläubigen, die in die Kirchenbänke traten. Später, vermutlich bei der Barockisierung der Kirche im Jahr 1726, wurde ein neuer Fußboden über den alten gelegt. „Als die Kirche dann in den fünfziger Jahren saniert wurde und man den Grabstein entdeckte, barg man ihn und stellte ihn später an

Gertrud Trojanski hat auf dem Steinblock Platzgenommen. Sie weiß aber: Das ist eigentlich keine Bank.

die Ostwand des Kirchenschiffs neben die Kanzel, wo er heute noch seinen Platz hat", erzählt Gertrud Trojanski die Geschichte weiter. „Als kleines Mädchen habe ich das miterlebt: Unter der Grabplatte fand man Gebeine und Reste von Stoffen und Borten. So etwas trugen wohl nur Wohlhabende."

Dieser riesige Steinblock hat eine wechselvolle Geschichte hinter sich. Bei der Einritzung handelt es sich um den Rest eines Wappens.

An der Stelle, an der der Steinblock heute steht, habe sich früher ein Altar befunden, der dem heiligen Andreas geweiht war. „Diesem Altar verdankt die Brucker Kirche, deren genaues Alter bis heute nicht wirklich geklärt ist, ihre erste urkundliche Erwähnung im Jahr 1358." Damals nämlich stifteten der Nürnberger Bürger Herrmann Remar und seine Frau Bertha eine Frühmesse an diesem Altar. „In der Stiftungsurkunde ist vermerkt, dass das Ehepaar diesen Altar erst neu fertigen und nach Bruck bringen lassen musste. Zudem statteten sie die Stiftung mit reichlichen Gütern aus, die in der Urkunde sehr genau aufgeführt werden. Auch scheinen sie die Brucker Kirche als Begräbnisplatz für sich bestimmt zu haben", führt die Expertin aus.

Auf dem Block ist ein weiteres spannendes Detail zu entdecken: Zwischen den Mulden befindet sich eine merkwürdige Einritzung. „Als der Stein aufgefunden wurde, rätselte man zunächst: Was könnten diese seltsamen Zeichen zwischen den Austretungen bedeuten? Waren es Schriftzeichen, war es eine Wegekarte?", berichtet Trojanski. Doch als Fachleute herausfanden, dass es sich um den Grabstein der Familie Strobel handelt, war klar: „Die Einritzung zwischen den beiden Aushöhlungen sieht aus wie ein Geweih. Und ein Hirschgeweih befand sich im Wappen der wohlhabenden Familie Strobel."

Und so schließt sich der Kreis: „1358, als die Frühmesse gestiftet wurde, war Herrmann Remar der Lehnsherr und ein Herrmann Strobel Pfarrer in Bruck. Er ist somit der erste namentlich bekannte Pfarrer. Er gehörte zur nahen Verwandtschaft des Stifterehepaares Remar, er war ihr Neffe", ordnet Trojanski ein.

Sanft fährt sie mit ihrer Hand über den Stein und sagt: „Diese muldenförmigen Aushöhlungen berühren mich immer wieder und mir kommt dann Joachim Ringelnatz' Gedicht Lebhafte Winterstraße in den Sinn." *Es gehen Menschen vor mir hin und gehen mir vorbei* heißt es da. Dann frage sie sich: Wer waren all diese Menschen, die über den Stein in ihre Kirchenbank getreten sind? Menschen in Freud und in Leid, Männer, Frauen, Kinder, Bauern und Handwerker, Knechte und Mägde, Gesunde und Kranke, Reiche und Arme, Fromme und Zweifler, in Friedenszeiten und in Zeiten von Hunger, Kriegen und Krankheiten. „Sie alle haben ihre Spuren auf diesem Stein hinterlassen – und ich sehe mich und uns alle in einer langen Reihe mit ihnen, wenn wir heute unser Gotteshaus betreten. Wir besuchen unser Gotteshaus, wie die Menschen vor uns, zum Hören auf Gottes Wort, wir loben Gott mit Liedern und Psalmen, wir bringen unsere Anliegen vor ihn im Gebet", sagt sie und ergänzt: „Und wir erleben die Gemeinschaft in Brot und Wein."

Eva-Maria Bast

So geht's zum Steinblock:

Er befindet sich in der evangelisch-lutherischen Kirche St. Peter und Paul in Erlangen-Bruck, Fürther Straße 40, direkt neben der Kanzel.

Endpunkt

Geschickte Linienführung

Da liegt sie nun ganz flach am Wegesrand, eingefasst von Granit und am Fuße eines Maschendrahtzauns. Wer an ihr vorbeikommt, der spaziert oder radelt. Hier ist das Ende. Nein, nicht das Ende der Welt, sondern der *Basisendpunkt*, wie auf der Bronzeplatte zu lesen ist. Dazu zwei kleine Reliefs der Kirchen St. Johannis in Nürnberg und der Brucker Kirche St. Peter und Paul und die Überschrift: *Die Fränkische Grundlinie 27.10.1807.*

Was es mit dem Basisendpunkt und der Grundlinie auf sich hat, weiß Joachim Frömter. Seit seiner Pensionierung beschäftigt sich der frühere Vermessungsoberrat an den Vermessungsämtern Erlangen und Nürnberg mit den Geschehnissen rund um ebenjenen Endpunkt. Er sagt: „Unter der Platte befindet sich der Endpunkt der gemessenen Strecke der Grundlinie, die zwischen den Türmen der St. Johanniskirche in Nürnberg und der Kirche St. Peter und Paul in Erlangen Bruck gezogen wurde. Dieser Sandstein wurde bei der ersten exakten Landesvermessung Bayerns im Jahre 1807 gesetzt."

„Unter der Platte befindet sich der Endpunkt der gemessenen Strecke der Grundlinie, die zwischen den Türmen der St. Johanniskirche in Nürnberg und der Kirche St. Peter und Paul in Erlangen Bruck gezogen wurde."

Als die Geodäten, also die Vermessungsexperten, sich damals auf den Weg machten, diese Strecke zu vermessen, passierte viel in Bayern. Einerseits kam 1806 ein Großteil Frankens zu Bayern. Über den Zuwachs dürften sich die Bajuwaren gefreut haben. Doch er bedeutete auch Arbeit. Die neu gewonnenen Gebiete mussten auf einer Karte erfasst werden. Andererseits marschierte Napoleon in jener Zeit in Bayern ein. Die ersten Soldaten seiner Truppen hatten schon 1800 bayerischen Boden betreten. „Napoleon forderte eine topographische

Joachim Frömter kennt jedes Detail, für das die Bronzeplatte mit der Aufschrift Basisendpunkt steht.

Karte von Bayern, um diese militärisch zu nutzen", sagt Joachim Frömter. Die schlauen Bayern wussten die Forderung so zu drehen, dass sie selbst etwas davon hatten. „Ein einheitliches Koordinatensystem war erforderlich, um alle Flurstücke bayernweit zu erfassen und später eine konforme Grundsteuer erheben zu können. Manche Bauern haben sich damals arm gerechnet und ihren Tagwerkbesitz niedriger angegeben als er war. Auch galten damals in Bayern 114 Steuersysteme", weiß Frömter.

Um die Flächen und Ausmaße zu ermitteln, griffen die Geodäten auf ein bereits bestehendes Koordinatensystem zurück, mit dem 1801 schon Altbayern bestimmt wurde. Dieses System war ausgeklügelt. Als Grundlage diente eine 21,6 Kilometer lange gemessene Strecke in der Nähe von München. „Auf dieser Linie basierten alle weiteren Vermessungsarbeiten. Mit ihr bestimmten die Geodäten Längen und Koordinaten und warfen daraufhin bildlich gesprochen ein Netz aus lauter Dreiecken über das Land", erläutert Joachim Frömter. Doch plötzlich standen, als das neu dazugekommene Franken an der Reihe war, Zweifel im Raum. Hatten die Altbayern wirklich alles richtig gemacht, um das Land präzise zu erfassen? Die Antwort war schnell gegeben: Wichtig ist eine Kontrolle. „Also suchte man in Franken eine Grundlinie und fand sie in der Strecke zwischen Nürnberg und Bruck. Diese Grundlinie diente also lediglich der Verifikation, sprich Überprüfung, des bestehenden Systems."

Die Bronzeplatte schützt einen historischen Sandstein, der 1806 gesetzt wurde.

Fünf Eisenstangen von je vier Meter Länge dienten als Maß, sodass der Messtrupp innerhalb von 30 Tagen 3.313 Mal millimetergenau Stange an Stange von Nürnberg nach Bruck legte. Am Anfangspunkt Nürnberg ließ der Leiter der Vermessungsarbeiten einen Stein setzen und ebenso auch in Bruck – den Endpunkt. Nur dieser ist noch erhalten. Er misst 43 mal 43 Zentimeter, ist 70 Zentimeter hoch und verbirgt sich unter der Platte.

Auf eine Gesamtlänge von 13.797,38 Metern zwischen Nürnberg und Bruck kamen die gründlichen Vermesser. Joachim Frömter hat dieses Ergebnis aber nicht ruhen lassen. 2001 packte er Tachymeter und GPS zusammen und maß mit modernster Technik akribisch nach. Er wollte den Beweis antreten, wie genau seine Vorgänger schon 1807 gearbeitet hatten. Was er ergründete, bestätigte seinen Verdacht: Auf die Distanz gerechnet haben die Erstvermesser gute Arbeit geleistet. „Die von mir ermittelte Länge ist 19 Zentimeter kürzer", berichtet Joachim Frömter. Er ging noch einen Schritt weiter und suchte nach Belegen. Das Finderglück war ihm hold: In der Nähe von Boxdorf im Knoblauchsland entdeckte er einen verwitterten, aber originalen Holzpflock aus dem Jahr 1807. Dieser diente als Markierung, damit am nächsten Tag die Arbeit an dieser Stelle fortgesetzt werden konnte. Das Studium in einem Protokoll von 1809 sowie eigene Berechnungen führten ihn zu dem Fundstück, das er in 20 Zentimeter Tiefe aufspürte.

„Ein einheitliches Koordinatensystem war erforderlich, um alle Flurstücke bayernweit zu erfassen und später eine konforme Grundsteuer erheben zu können."

Und Joachim Frömter weiß noch von einem weiteren Überbleibsel zu berichten, das erstaunliche 2,64 Kilometer lang und sechs Meter breit ist: Ein pfeilgerade verlaufendes Wegstück durch das Wäldchen „Brucker Lache".

„Im Zuge der Vermessungsarbeiten schlug man 1820, also einige Jahre nach der fränkischen Grundlinie, extra eine Schneise, um eine Sichtachse von der Tennenloher Kirche zur Hugenottenkirche in der Innenstadt herzustellen", erläutert Frömter. Dieser heute sogenannte Franzosenweg diente der Kontrolle von Detailvermessungen, die eben später stattfanden. „Mit Franzosen hat er aber gar nichts zu tun", weiß der geschichtskundige Erlanger. Vielmehr wurde die Strecke damals auf den Namen „Neuer Weg" getauft.

Gern und oft geht Joachim Frömter auf dem alten, neuen Weg spazieren: „Er ist sehr zugewachsen und man muss schon genau hinsehen, will man noch etwas von der ursprünglichen Schneise erkennen."

Auf der ein wenig verwitterten Ruhebank aus zwei halbierten Baumstämmen, gleich gegenüber des Endpunktes, nimmt Joachim Frömter einen Moment Platz. Ob er über das Vermessen nachdenkt? Damals wie heute gilt jedenfalls: Messen heißt Wissen.

Ilona Hörath

So geht's zum Endpunkt:

Der Endpunkt liegt an der ehemaligen Aurachtalbahnstrecke zwischen Bruck und Herzogenaurach. Wer von der Tennenloher Straße kommend den Ebereschenweg bis zum Ende läuft und nach rechts abbiegt, ist nach rund 100 Metern am Ziel.

Karl-Heinz Stammberger weiß, was es mit diesen alten Schildern auf sich hat.

09

Fahrtzielanzeiger

Mensch und Fracht auf Achse

Die Fahrtzielanzeiger im Bahnhof Kriegenbrunn behaupten immer noch, es gebe Züge nach Bayreuth oder Würzburg. Doch wer heute hier auf einen solchen Zug hofft, kann lange warten. Denn längst fährt auf diesem Teil der ehemaligen Aurachtalbahn überhaupt kein Zug mehr.

Etwas Verkehr herrscht hier allerdings dann und wann schon noch – wenn auch nicht bis nach Bayreuth oder Würzburg. Das ist Karl-Heinz Stammberger zu verdanken. Der ist als Betreiber eines Eisenbahnunternehmens seit Jahren ein Freund dieser alten Bahnstrecke zwischen Erlangen und Herzogenaurach. Besser: ihren Resten. Als

Besitzer einer Fahrrad-Draisine befährt er immer wieder noch offene Teilstrecken und bietet für die Kinder-Ferienprogramme der Stadt Mitfahrten an – an Wochenenden auch für erwachsene Eisenbahn-Enthusiasten. Zu den optischen Höhepunkten gehört der Bahnhof Kriegenbrunn, der durch einen Gleisanschluss eines Industrieunternehmens immer schon mehr nach Bahnhof aussah als die anderen „Haltepunkte". Allein die Existenz zweier in Kriegenbrunn stationierter Lokomotiven sowie des kuriosen Fahrtzielanzeigers lassen den Bahnhof lebendiger wirken als die übrigen Haltepunkte.

Diese werden schon seit 1984 nicht mehr „bedient", wie es im Bahndeutsch heißt – da wurde nämlich der Personenverkehr zwischen dem Bahnhof Erlangen-Bruck als Umsteigepunkt und Herzogenaurach mangels Rentabilität eingestellt. Und der Güterverkehr folgte zehn Jahre später. Seitdem stehen in Kriegenbrunn eine Prozessdampf-Lokomotive – die bezog ihren „Treibstoff" Heißdampf von einem Bahnkunden, dem nahen Kohlekraftwerk Franken II am Kanal – und eine Rangierlok bei Wind und Wetter im Freien und rosten vor sich hin. Begonnen hatte alles im Jahr 1885, als Bürgermeister Johann Georg Ritter von Schuh (1846-1918) nach der Sekundärbahn nach Gräfenberg die Gründung einer zweiten Lokalbahn anregte, um den aufstrebenden, exportorientierten Gewerbestandort Erlangen/Herzogenaurach zu stärken und ein Abfließen des Güter- und Personenverkehrs nach Nürnberg zu verhindern. Neun Jahre später fuhr der erste Zug auf der zwölf Kilometer langen Strecke mit fünf Zwischenhalten zwischen dem neuen Bahnhof Bruck und Herzogenaurach.

Am 16. April 1894 wurde die Strecke eingeweiht. Sie war eingleisig und wurde nach der Eröffnung des Großkraftwerks für das fränkische Städtedreieck Nürnberg, Fürth und Erlangen 1967 zwischen dem Abzweig von der Hauptstrecke bis zum Anschluss für die schweren Kohlezüge elektrifiziert. Im Bahnhof Herzogenaurach endete der Regelbetrieb.

Noch in den letzten Kriegstagen 1945 wurde die Brücke über die Regnitz – obwohl militärisch ohne Nutzen – durch deutsche Truppen gesprengt, nach fünf Monaten war aber wieder ein behelfsmäßiger Übergang hergestellt, ein bis heute haltender Brückenneubau folgte im Jahr 1950. „Die Bahn wurde in den Nachkriegsjahren gut genutzt", erzählt Stammberger, „in den besten Zeiten fuhren täglich 14 Zugpaare.“ Aber auch als der Regelbetrieb im Personenverkehr 1984 eingestellt wurde, verkehrten noch Personenzüge, weiß Karl-Heinz Stammberger, „es waren vor allem Sonderzüge von Schulen oder Betriebs-Belegschaften.“ Und ebenjener Fahrtzielanzeiger im Bahnhof Kriegenbrunn weist als Zielorte sogar Würzburg oder Bayreuth aus.

„Dass der Güterverkehr zehn Jahre länger betrieben wurde, hatte viel mit der boomenden Industrie in Herzogenaurach zu tun – der Automobil- und Industriezulieferer Schaeffler hatte sogar Zugverbindungen bis nach Russland“, weiß Stammberger. Auch das Kohlekraftwerk, dem der Brennstoff auf der Schiene und dem Kanal zugeführt wurde, war bis zu seiner Schließung im Jahr 2001auf einem Teilabschnitt Bahnkunde. Heute fährt die Bahn nur noch bis zur Müllumladestation im Erlanger Hafen. Bleiben die Wochenenden, an denen auf dem letzten „aktiven“ Stück der Bahnstrecke Ruhe herrscht, beinahe jedenfalls. Nur Karl-Heinz Stammberger rollt dann seine Draisine aufs Gleis. Als ehemaliger Mitarbeiter im Umweltamt der Stadt natürlich völlig abgasfrei. Und Interessenten führt er zum Bahnhof Kriegenbrunn mit seinen Lokomotiven, die immer noch von der 100 Jahre währenden Aurachtalbahn künden. Und zum Fahrtzielanzeiger, der vollmundig, aber inzwischen falsch, Fahrten nach Würzburg oder Bayreuth verspricht.

Peter Millian

So geht’s zum Fahrtzielanzeiger:

Am Ortsausgang von Frauenaurach auf der Hüttendorfer Straße nach 500 Metern nach rechts in die Pappenheimer Straße in Richtung Kriegenbrunn abbiegen. Dort führt der Abzweig in die Kriegenbrunner Straße direkt zum ehemaligen Bahnhof.

23

Bienenkorb

Modernes Wohnen in der Stadt

S*umm, summ, summ, Bienchen summ herum*: An das liebliche Kinderlied mag sich gern erinnern, wer vor dem langgestreckten dreistöckigen Haus steht. Putzig sieht der recht bauchig gewölbte Bienenkorb aus, der über der Eingangstür angebracht ist, originalgetreu versehen mit einem winzigen Einflugschlitz für die ankommenden Honiglieferanten. Eingerahmt ist das steinerne Relief von einer schönen, wohlgestalteten ornamentalen Verzierung.

„Der Bienenkorb ist ein klassisches Symbol des Fleißes und steht hier als Metapher für den rastlosen Gewerbefleiß der Firma“, sagt Thomas Engelhardt. Der Firma? Wie ein Firmengebäude sieht das Haus nicht aus. Vielmehr mutet es, allein schon aufgrund seiner stattlichen Größe, wie die Unterkunft für viele Bewohner an. Und tatsächlich wurde das Gebäude als Mietshaus errichtet. „Hier waren, gleich in der Nähe ihrer Arbeitsstätte, der elektrotechnischen Fabrik von Reiniger, Gebbert & Schall, kurz RGS, über ein Dutzend Arbeiter und Angestellte mit ihren Familien zuhause“, führt der einstige Leiter des Stadtmuseums aus. „Die Firma wurde im Jahr 1886 gegründet und war bald das innovativste Erlanger Unternehmen, das auf technische Neuerungen setzte wie zum Beispiel Röntgenapparate und andere elektromedizinische Geräte.“ Das Werk befand sich gleich in der Nähe, auf einem 6.330 Quadratmeter großen Areal an der Luitpoldstraße.

Jeder der Wohnhauseingänge, und davon gibt es einige, hat einen Türschmuck und ist mit einer solchen „Supraporte“ geschmückt. Mal ist es eine Waage, mal sind es Hammer, Zirkel und Dreieck in Verbindung mit den drei Buchstaben RGS, mal ist es ein Sinnspruch. „Der Gebäudekomplex ist ein gutes Beispiel für den Erlanger Wohnungsbau der 1920er-Jahre, der noch stark von traditionellen Architekturelementen geprägt war“, erläutert Engelhardt. Er zieht einen Vergleich und erzählt von einem gänzlich anderen Beispiel für den Firmenwoh-

Thomas Engelhardt macht auf die Bedeutung des steinernen Bienenkorbs aufmerksam.

nungsbau. Am südwestlichen Ende der Stadt liegt die Erba-Siedlung. Im *Stadtlexikon* heißt es dazu: „Das älteste erhaltene Beispiel für den sozialen Wohnungsbau in E[rlangen] ist die E[rba-Siedlung] genannte Arbeiterkolonie, die die Baumwollspinnerei E[rba] (später ERBA AG) gegenüber der Fabrik an der Äußeren Brucker Straße sowie Am Erlanger Weg und an der Rheinstraße erbaute." In der Erba-Siedlung, die zwischen 1906 und 1913 entstand, genossen die Mieter einige Vorteile. „Dort gab es freistehende Mehrfamilienhäuser und jeder Mieter hatte eine eigene Haustüre und einen eigenen Gartenanteil. Das war viel individueller", ordnet Engelhardt ein und kehrt von seinem gedanklichen Ausflug zurück zum Bienenkorb. Der Gebäudekomplex mit den Supraporten war der erste Wohnblock, den die RGS erbaut hat, er stammt aus dem Jahr 1923. „Die Stadt hat damals den Baugrund kostenlos überlassen, um den Wohnungsbau anzukurbeln, gemeinsam mit Baugenossenschaften und Firmen", führt Engelhardt aus, „auch die Kanalisierung und die Straßenerschließung hat die Stadt übernommen." Die Zeiten waren stürmisch, Arbeitslosigkeit, Geldentwertung und Wohnungsnot machten den Menschen zu schaffen. „Die RGS baute in der Zeit der Hyperinflation", sagt Engelhardt.

In den Bienenkorb-Wohnblock zogen schließlich 15 Familien von Facharbeitern, Konstrukteuren, Buchhaltern und Kaufleuten ein, die bei der RGS arbeiteten. Ihre Nachbarn nebenan waren Werkmeister und Mechaniker, Handwerker und auch kleine Gewerbetreibende. Das sogenannte Zollhausviertel galt als „Kleine-Leute-Viertel". Mit lauter Menschen, die, auch aus der Not heraus geboren, so fleißig waren wie die Bienen, die den Bienenkorb anfliegen.

Ilona Hörath

So geht's zum Bienenkorb:

Der Bienenkorb befindet in der Werner-von-Siemensstraße 23 über dem Eingang.

Stadtarchivar Andreas Jakob zu Gast beim Fisch.

11

Fisch

Fangfrisch aus der Schwabach

Ein wenig melancholisch scheint er zu sein, der Fisch, der in Richtung Marktplatz schwimmt und von dort sogar weiter nach Nürnberg. Weiß er denn nicht, dass es ihm dort an den Kragen gehen und er als Leckerbissen verkauft werden wird? „Die Regel war, dass die Händler ihren Fisch, den sie in den Gemeindegewässern gefangen hatten, zuerst den Erlangern zu einem festgelegten Preis anbieten mussten. Erst dann durften sie ihn exportieren", sagt Andreas Jakob. Zum Beispiel nach Nürnberg, wo viel mehr für den Fang bezahlt wurde. Der Fisch, um den es geht, kann natürlich gar nicht schwimmen. Er ist aus Stein und schmückt den Türrahmen des ehemaligen Stadtfischerhauses, vor dem der Stadtarchivar steht und das sich in direkter Nähe zur Schwabach befindet, die gemütlich vor sich hinfließt. „Am Fluß standen die Fischkästen, in denen die lebenden Fische im Wasser aufbewahrt wurden. Hier kauften die Leute ein, schon im Mittelalter war Fisch als Fastenspeise sehr beliebt", erzählt er. Aale, Eschen, Barsche, Elritzen, Forellen, Schleien oder Krebse oder auch Karpfen: Das Angebt war recht groß. „In den historischen Quellen sind Erlanger Fischer teilweise schon um 1530 schriftlich bezeugt, der Fischfang war eine wichtige Erwerbsquelle", weiß der Stadtkenner.

Die Fischrechte hielten die Räte der Altstadt, die sie an Erlanger Bürger verpachteten. Einer diese Fischhändler war Hans Jakob Knapp, dessen Lebensdaten noch nicht erfasst sind. Er errichtete 1707 das Stadtfischerhaus und wählte als Relief über der Eingangstür – den steinernen Fisch. Knapp widmete sich der Fischerei wohl bis 1765. In diesem Jahr übernahm die Familie Rudel das Anwesen, die sich schon seit Anfang des 18. Jahrhunderts auf den Fischfang spezialisiert hatte. Nach deren Teichen ist die Rudelsweiherstraße benannt.

Manche Familienmitglieder, so heißt es im *Stadtlexikon*, schafften es sogar, zum „Hoffischer" aufzusteigen – denn mit den Delikatessen belieferten sie das markgräfliche Schloss. Bei den Rudels kauften auch gerne jene Knechte und Mägde ein, die die Köstlichkeiten zur benachbarten Posthalterei brachten, damit deren Gäste in den Genuss frischen Fisches kamen. „Bis 1860 haben die Rudels das Stadtfischerhaus besessen, irgendwann danach hat sich der Fischhandel nicht mehr gelohnt", bewertet Andreas Jakob die Geschäftslage.

Ein kapitaler Bursche ist der Fisch über der Tür nicht.

Neben dem Fisch auf dem Türsturz hat das alte Stadtfischerhaus eine weitere Besonderheit: „Als Eckhaus springt es aus der langen Häuserreihe heraus und bricht damit die Baulinie. Das Haus wurde etwas nach vorne gezogen, um es als Abschluss einer Reihe von Gebäuden zu betonen", erklärt Jakob. „Als ab 1706 die barocke Planstadt gebaut wurde, mussten natürlich die Baurichtlinien eingehalten werden." Man habe erstaunlich regelmäßig gebaut, rechtwinklig und wie mit Lineal und Zirkel gezogen, um das Bild von kerzengerade verlaufenden Häuserfrontenlinien zu erzeugen. Auch außerhalb der Neustadt, die für diese Bauweise berühmt ist. „Abweichungen vom Nachbarhaus waren im Barock der Versuch, mit einfachen Mitteln eine Besonderheit herzustellen, weil das Fischerhaus eben das letzte Haus war", hat Jakob herausgefunden. Der Steinfisch dürfte die barocke Stadtplanung wohl ziemlich gelassen hingenommen haben.

„Die Regel war, dass die Händler ihren Fisch, den sie in den Gemeindegewässern gefangen hatten, zuerst den Erlangern zu einem festgelegten Preis anbieten mussten. Erst dann durften sie ihn exportieren."

Wenn Andreas Jakob in Richtung der Schwabach blickt, fragt er sich schon, warum der Fischhandel einst so ergiebig war. Erlangen habe lediglich zwei Gewässer, die Regnitz und die nur wenig Wasser führende Schwabach. „Davon darf man sich nicht täuschen lassen, denn trotzdem war die Schwabach erstaunlich fischreich. So erklärt es sich, dass es an dem Fluss ein Stadtfischerhaus gab", lüftet Jakob das Fischgeheimnis. Ein kapitaler Bursche ist der Fisch über der Tür zwar nicht. Doch es lohnt sich, das Stein gewordene Zeugnis einmal näher zu betrachten. Kündet es doch vom Fischhandel als einer wichtigen Einnahmequelle und von einem spannenden Kapitel der Geschichte.

Ilona Hörath

So geht's zum Fisch:

Der Fisch befindet sich über der Tür des Gebäudes in der Bayreuther Straße 22.

ÇSP
1773.

12

Rind und Hund

Endstation für das Tier

Eigentlich sieht sie ausgesprochen malerisch aus, die Szene auf dem Schlussstein über der Tür. Ein großes und ein kleines Tier kuscheln sich eng aneinander, wirken innig und vertraut. Doch der Schein trügt: Weder geht es dem größeren Tier, ein rotes Rind, besonders gut, noch schmiegt sich das kleinere Tier an es: Es handelt sich um einen Metzgerhund, der das Rind anfällt.

Mit dieser Abbildung wollte der Besitzer zeigen: Hier ist Endstation. Denn selbiger, Georg Spiegel, dessen Initialen ebenfalls auf dem Schlussstein zu finden sind, war Metzgermeister und verkaufte seine Produkte auf der Fleischbank und vermutlich auch in diesem Haus. Bis 1870 war es in Erlangen üblich, das Fleisch auf sogenannten Fleischbänken zu verkaufen. Fleischbänke waren die Stände, auf denen die Produkte aller Metzger der Stadt an den Mann gebracht wurden. „Bänke" heißen sie wegen ihrer Form, in Erlangen sind sie im Jahr 1398 erstmals erwähnt und hatten über viele Jahrhunderte hinweg an verschiedenen Orten Bestand. So befindet sich zum Beispiel zu Beginn des 18. Jahrhunderts eine Fleischbank vor der Altstädter Pfarrkirche am Martin-Luther-Platz. Die Metzger waren verpflichtet, sich an der Fleischbank finanziell zu beteiligen und hier ihr Fleisch zu verkaufen, sonst konnten sie ihren Beruf nicht ausüben. Zunächst standen die Fleischbänke im Freien, später bekamen sie dann aber ein Dach über den Kopf. Zum Beispiel ist aus dem Jahr 1736 die Einrichtung der Fleischbank im Haus Hauptstraße 71 bekannt. Eine große Fleischbank befand sich auch im Eckhaus Marktplatz 2, hier gab es im Erdgeschoss ganze 15 Fleischbänke, die von der Mitte des 18. bis zu Beginn des 19. Jahrhunderts im Sommer morgens von sechs Uhr bis neun Uhr und im Winter von sieben Uhr bis zehn Uhr geöffnet hatten.

Fleisch von minderwertiger Qualität wurde in der Neustadt auf einer eigenen Fleischbank, einer sogenannten „Freibank" vor dem Gerbereitor verkauft, „in der Altstadt erhielt erst um 1812/18 ein Wirt

Was so idyllisch wirkt, ist im Grunde eine bedrohliche Szene – zumindest für das größere der beiden Tiere.

eine entsprechende Konzession", wie das *Stadtlexikon* schreibt. Im Laufe der Zeit bildeten sich auch zwei Metzgerzünfte, die dann 1826 aufgehoben wurden. „Die damals neun Meister in der Alt- und 14 in der Neustadt mussten einen Gewerbeverein gründen, der sich nach 1862 auflöste, als die Möglichkeit der persönlichen Konzessionierung eingeführt wurde." Nun konnten die Metzger auch in ihren eigenen Räumen verkaufen, Metzgereien, wie wir sie heute kennen, entstanden, auch im Haus von Georg Spiegel gab es vermutlich ein solches Geschäft, über dessen Eingang der Schlussstein, so lieblich er auch anmuten mag, verkündet: Für das Rind ist hier Endstation.

„Zunächst standen die Fleischbänke im Freien, später bekamen sie dann aber ein Dach über den Kopf."

Eva-Maria Bast

So geht's zu Rind und Hund:

Der Schlussstein, auf dem die Szene zu sehen ist, befindet sich über der Eingangstür in der Schuhstraße 10.

Nur noch ein Löwe ist geblieben. Stadtführerin Claudia Koolmann kennt seine Geschichte.

13

Löwe

Raubtier ohne historischen Kontext

Wenn es voll wird auf dem Martin-Luther-Platz, kommt das Raubtier in einen Verschlag: Immer zu Bergkirchweihzeiten, wenn sich jeden Abend nach dem Kirchweihende die Jugend auf dem Platz zum Weiterfeiern trifft, muss der bayerische Löwe weg. Aber nicht zum Schutz der Jugend, sondern zum Schutz des Löwen vor dem Menschen. Und spätestens hier stellt sich die Frage: wie kommt der steinerne König der Tiere da eigentlich hin?

Die Stadtführerin Claudia Koolmann, sonst zoologischer Interessen unverdächtig, kennt die wechselvolle Herkunft und Wanderschaft des Löwen: „Er war Teil eines ziemlich auffälligen Kriegerdenkmals, das im Jahr 1890 in Erinnerung an die siegreiche Schlacht von Sedan aufgestellt wurde, die den Wendepunkt im deutsch-französischen Krieg von 1870/71 darstellte." Die Schlacht und der Krieg wurden gewonnen – es gab aber auch drei Dutzend Tote aus Erlangen, derer mit dem Denkmal ebenso gedacht werden sollte wie dem Kriegsgewinn. Das Denkmal war 1890 durch Spenden der Erlanger Bürger finanziert und nach einem Entwurf des Malers Friedrich Wanderer (1840-1910) von Bildhauer Georg Leister (1854-1943) in Stein gemeißelt worden. Auf einem wie ein Altar wirkenden Unterbau mit drei Stufen an der Vorderseite befand sich eine bronzene Gedenktafel mit den Namen der Gefallenen, auf der Rückseite eine Widmung. Der auf der Spitze thronende Löwe hielt das bayerische Wappen in der Pranke, zudem gab es das Stadtwappen und das Wappen der brandenburgischen Dynastie.

Gut gebrüllt, Löwe: Nach seiner Restaurierung ist die bayerische Raute im Wappen wieder gut zu sehen.

„Bereits in den 1920er-Jahren", berichtet Claudia Koolmann, „war das Denkmal aus der Zeit gefallen. Nach dem Ersten Weltkrieg und dem Sieg Frankreichs wollte niemand mehr an Krieg erinnert werden, auch nicht an einen gewonnenen." Damit war das Schicksal des Denkmals praktisch besiegelt, „an Heroisierung und Patriotismus bestand kein Bedarf", wie Claudia Koolmann sagt.

Da die Stadt langsam vom Autoverkehr eingenommen wurde, erwog man bereits 1938 den Umzug des Denkmals auf den Theaterplatz. Es dauerte aber bis 1952, dass das Denkmal zwar nicht versetzt, dafür aber ganz abgebrochen wurde. Der Löwe verschwand erst einmal in einem Depot, bevor er über Umwege auf den Innenhof des 1976 eröffneten Altstadtmarkts gelangte. Claudia Koolmann: „Ein völlig sinnfreier Standort in einer Einkaufspassage, ohne jeden historischen Bezug.“ Es dauerte aber noch bis zum Jahr 2003, bis sich der Heimat- und Geschichtsverein entschloss, zumindest den Löwen an den angestammten Platz zurückkehren zu lassen. Vorher musste er allerdings noch restauriert werden, da ihm während des Exils im Altstadtmarkt der Kiefer gebrochen wurde.

„Bereits in den 1920er-Jahren war das Denkmal aus der Zeit gefallen. Nach dem Ersten Weltkrieg und dem Sieg Frankreichs wollte niemand mehr an den Krieg erinnert werden, auch nicht an einen gewonnenen.“

Jetzt steht der Löwe „etwas einsam“, so Koolmann, auf dem Martin-Luther-Platz. Eine Tafel im Boden erinnert daran, dass hier einst die Künstlerin Isi Kunath eine überdimensionierte riesige sogenannte Pin-Nadel als Zeichen für ein verschwundenes Denkmal gesetzt hatte. Der historische Kontext ist auf dem im Jahr 2006 umgestalteten Martin-Luther-Platz so gut wie verschwunden, und längst auch das Gasthaus „Zum Kriegerdenkmal“, das ein gewisser Johann Ammon 1907 im Haus hinter dem Denkmal eröffnet hatte. „Das war für die Kriegerkameradschaft sicher praktisch, wenn es nach dem Gedenken gleich ins Gasthaus ging“, sagt Claudia Koolmann schmunzelnd.

Peter Millian

So geht's zum Löwen:

Der Martin-Luther-Platz markiert das nördliche Ende der Hauptstraße. Der Löwe ruht auf der dem Stadtmuseum gegenüberliegenden Seite des Martin-Luther-Platzes.

Einhorn

Wo ein Fabelwesen seinen Platz fand

Manchmal muss Michaela Horstmann schmunzeln. Zum Beispiel dann, wenn sie nach Hause kommt und schon von weitem sieht und hört, wie ein kleines Mädchen aufgeregt auf den Türknauf ihrer Eingangsstür zeigt und ruft: „Mama, Mama, schau mal, eine Ziege!" Ein anderes Mal, erzählt die Hauseigentümerin gut gelaunt, stand eine Gruppe vor ihrem Haus und jemand verkündete: „Das ist das Einhorn, nach dem die berühmte Einhornstraße benannt ist." Klingt in gewisser Weise schlüssig. Stimmt aber nicht, wie Michaela Horstmann weiß. Die Einhornstraße hat ihren Namen von der Gastwirtschaft „Zum goldenen Einhorn", die sich seit 1745 gleich in der Nähe befand, 1963 abgerissen wurde und mit dem Einhorn am Eingang von Michaela Horstmanns Haus nur in weitestem Sinne zu tun hat. Doch was hat es nun mit dem Einhorn auf sich? Warum befindet sich das Fabelwesen, das durch die Jahrtausende hindurch immer wieder künstlerisch und literarisch verarbeitet wurde, das schon Aristoteles (384-322 v. Chr.) in der Antike erwähnte und das in Wappen ebenso auftaucht wie an Apotheken, an diesem 1699 erbauten Haus?

Bevor Michaela Horstmann das Geheimnis lüftet, will sie zunächst einmal etwas über die Geschichte des Gebäudes erzählen: „Im Haus muss sich einmal eine Mehlhandlung befunden haben. Wir haben bei der Renovierung unter dem Fußboden viele Spelzen gefunden. Wahrscheinlich haben sie mit dem Aufzugserker an unserem Haus die Mehlsäcke hochgezogen", sagt sie. Eine gewerbliche Nutzung ist im Erlanger *Stadtlexikon* genannt, der Beleg dafür ist ebenjener historische Aufzugserker am Haus. Von einem Einhorn ist die Rede dabei nicht.

Später, im 20. Jahrhundert, diente das Gebäude der Religionsausübung. „In unserem Erdgeschoss befand sich der letzte jüdische Betsaal der Stadt vor dem Krieg", hebt Michaela Horstmann hervor. Das

Michaela Horstmann vor der Tür mit dem Einhorn-Türknauf.

Stadtlexikon schreibt dazu: „Der 1937 im Haus Einhornstr. 5 eingerichtete Betsaal wurde in der Reichspogromnacht verwüstet und geplündert." Horstmann berichtet von einem besonderen Fundstück. Auf der Rückseite der Einhorn-Haustür sei sie beim Putzen auf eine Mesusa gestoßen, die dort versteckt angebracht war und die für jüdische Gläubige von Bedeutung ist: eine sechs Zentimeter lange, schmale Kapsel, in der sich eine kleine mit Gebeten beschriftete Pergamentrolle befindet. Diese verwahrt sie heute sicher und geschützt in einem kleinen Kästchen, um sie einmal erforschen zu lassen.

Im Haus ist auch der Kräuter-, Gewürz- und Teeladen untergebracht, den Horstmanns Tante Kunigunde Dorsch in der Einhornstraße 5 eröffnete und der immer noch erhalten ist: Seither betört die Vorbeilaufenden oft eine feinaromatische Geruchswolke, die aus dem Geschäft herauszieht.

Und die Türknauf-Skulptur? Endlich löst Michaela Horstmann das Rätsel. „Das war das Geschenk meines Schwiegervaters zu unserem Einzug 1998. Er hat es selbst entworfen und hergestellt." Nun erklärt sich auch, was das Einhorn an der Haustür mit der Einhornstraße zu tun hat: Würde die Straße nicht heißen, wie sie heißt, wäre der Schwiegervater mit Sicherheit nicht auf die Idee gekommen, dem damals jungen Paar ein Einhorn zu schenken.

Der Türknauf sei pflegeleicht, sagt Michaela Horstmann streicht mit der Hand darüber: „Das Einhorn will ab und zu gestreichelt werden, ansonsten ist es genügsam."

Ilona Hörath

So geht's zum Einhorn:

Der Einhorn-Türknauf befindet sich an der Holztür des Gebäudes Einhornstraße 5 zwischen Marktplatz und Hugenottenplatz. Gut erkennen lässt sich das Haus am Hirschgeweih, das in luftiger Höhe an der Fassade hängt.

Prominent und golden: der Handschuh nahe des Bahnhofs.

15

Handschuh

Lange Zeit französisches Monopol

Sie ist groß. Ziemlich groß sogar. Um nicht zu sagen: riesig! Trotzdem, hat die Stadtführerin Dagmar Seck festgestellt, nehmen die meisten sie nicht wahr: „Ich bin selbst, ich weiß nicht wie oft, daran vorbeigegangen, bis ich sie das erste Mal bemerkt habe!", sagt die Historikerin. Die Rede ist von der riesigen goldenen Hand, die sich quasi unmittelbar am Bahnhof an einem Hauseck befindet. Als Dagmar Seck sie entdeckte, hat sie die Neugierde gepackt. Seck begann zu recherchieren und fand heraus, dass es sich bei der Hand eigentlich um einen Handschuh handelt und dass der sogar mit ihrem Lieblingsthema zusammenhängt: den Hugenotten in Erlangen. „Hier befand sich im 18. und 19. Jahrhundert die Handschuhmacherei des Jean Jacques Mengin", sagt sie.

Die Geschichte beginnt aber schon früher, im Jahr 1694, als der Hugenotte Jean Mengin nach Erlangen flieht und sich hier als Taftweber niederlässt. „Er baute das Haus, an dem heute der Handschuh zu finden ist und vererbte es 1720 an seinen Sohn David, der hier eine Weißgerberei einrichtete, also Lamm- und Zickleinfelle verarbeitete", erzählt Dagmar Seck. Dessen Nachfahre Jean Jacques schließlich widmet sich der Handschuhmacherei und dieses Handwerk wird die Familie über vier Generationen ausüben, bevor sie von der Hand auf den Fuß wechselt, ein Schuhgeschäft eröffnet und in die Hauptstraße umzieht. „Sowohl die Weissgerberei als auch der Glacéhandschuh kamen erst durch die Hugenotten nach Deutschland und Erlangen entwickelte sich tatsächlich zu einem ganz bedeutenden und namhaften Umschlag-platz für Handschuhe, bis Anfang des 19. Jahrhunderts war es mit Berlin und Magdeburg Hauptzentrum für die Handschuhmanufaktur", unterstreicht die Mitarbeiterin des Vereins „Geschichte für Alle."

So sehr Dagmar Seck sich auch reckt: Die goldene Hand bekommt sie nicht zu fassen.

Die Handschuhmacherei sei aber in Erlangen lange französisches Monopol geblieben: „Der Markgraf hat damals eigentlich gedacht, er holt sich die Leute aus Frankreich her, damit sie ihr Wissen weitergeben, aber die Hugenotten haben ihre Kenntnisse für sich behalten." Das habe dazu geführt, dass viele Begriffe in der Handschuhmacherei französisch blieben. „Erst Anfang des 19. Jahrhunderts, genauer, 1811, öffneten die Hugenotten die Handschuhmacherei auch für die Erlanger", fährt Dagmar Seck fort. „Nun wurde, im relativ kleinen Stil, auch Manufakturarbeit betrieben. Die Herstellung eines Glacéhandschuhs brauchte über 80 Schritte und die Aufteilung der Arbeitsschritte hatte zur Folge, dass die Stückzahl deutlich erhöht werden konnte.“ Und das war auch dringend nötig: „Handschuhe aus Erlangen waren zu dieser Zeit ein wahrer Messeschlager“, sagt Dagmar Seck. „Das waren Exportprodukte, die in die unterschiedlichsten Länder gingen, zum Beispiel nach Russland, England, Italien und in die Schweiz, außerdem wurden die Waren auf den Messen in Frankfurt am Main und Leipzig gehandelt.“

„Er baute das Haus, an dem heute der Handschuh zu finden ist und vererbte es 1720 an seinen Sohn David, der hier eine Weißgerberei einrichtete, also Lamm- und Zickleinfelle verarbeitete.“

Trotz der nahenden Industrialisierung habe man noch großen Wert auf Handarbeit gelegt: Selbst im 19. Jahrhundert, als schon vieles maschinell hergestellt wurde, seien nur zwei Geräte eingesetzt worden: „Die 1834 erfundene Stanzpresse und die Handschuhnähmaschine“, erläutert Dagmar Seck.

Bis Anfang des 20. Jahrhunderts ist die Handschuhmacherei in Erlangen ein sehr angesehener Beruf, dann jedoch folgt der Niedergang: „Glacéhandschuhe kamen aus der Mode und die Konkurrenz aus Asien wurde zu groß.“

Doch Asien und Mode hin oder her: Der goldene Handschuh hängt nach wie vor an dem Eckhaus nahe des Bahnhofs. Und kündet Ankommenden sofort davon, dass Erlangen einmal für das Handschuhmacherhandwerk eine bedeutende Rolle gespielt hat.

Eva-Maria Bast

So geht’s zum goldenen Handschuh:

Er hängt unübersehbar am Eckhaus Goethestraße 44.

Brunnenbuberl

Beschädigt und alleingelassen

Es wurde verhöhnt, zerstört, wieder aufgebaut und wieder zerstört: das „Brunnenbuberl", das sich in einem Brunnen auf der Grünanlage am Maximiliansplatz zwischen der heutigen Universitätsverwaltung und dem neuen Operativen Zentrum befindet. Es handelt sich um ein Werk des Münchner Bildhauers und Zeichners Mathias Gasteiger (1871-1954), dessen Original noch heute in der Münchner Fußgängerzone „Neuhauser Straße" steht und von dem es zahlreiche Kopien gibt. In dem Baudirektor, Architekt und Kunstliebhaber Christof Präg hat das Erlanger „Brunnenbuberl" einen väterlichen Freund gefunden, der sich intensiv mit seiner Leidensgeschichte beschäftigt hat.

Prägs späte Liebe zu dem Buberl konnte nicht verhindern, dass ihm übel mitgespielt wurde – schließlich liegen zwischen beiden gute 70 Lenze und Präg wurde erst als Gymnasiast in den 1970er-Jahren auf den Brunnen aufmerksam. Ein möglicher Grund für die gewaltsame Ablehnung, die dem kleinen Kerl entgegenschlug: Der Knabe ist nackt und lacht verschmitzt. Denn von schräg oben spritzt ihm ein Faun das Wasser zwischen Hals und Oberkörper, in jene Beuge, die im Volksmund „Salzbüschl" heißt. Und genau dieses Fabelwesen der römischen Mythologie ist bei der Erlanger Ausgabe zerstört worden.

Bereits kurz nach der Fertigstellung der Erlanger Kopie des Werks Gasteigers im Jahr 1906 – schon auf der Pariser Weltausstellung 1893 war es mit einer Goldmedaille ausgezeichnet worden – wurde es auch in Erlangen Gesprächsstoff. Die Prüderie unter den Betrachtern ging sogar so weit, dass Gasteiger mehr als 300 Badehöschen für seine jeweiligen „Brunnenbuberl" zugesandt wurden und Prinzregent Luitpold (1821-1912) anregte, sein eher unscheinbares Männlichlichkeitsmerkmal mit einem Feigenblatt zu verdecken. „Was bei Gasteiger wohl einen Lachanfall auslöste", wie Präg die Überlieferungen widergibt.

Christof Präg hat das „Brunnenbuberl" auch ohne Faun in sein Herz geschlossen.

Dabei ist das „Brunnenbuberl", das in München, im Berliner Zoo, in Triest oder in Chicago noch intakt zu sehen ist, ein ausgesprochen interpretierbares Figurenpaar. Während das in Bronze gegossene Kind sich seitlich wegdreht, ist darüber der Grund zu erkennen: Ein im Original aus Kalkstein gehauener Faun hat ein Ventil in der Brust, das der Knabe zuhält, um nicht nass zu werden. Der Faun aber umgeht diese Abwehrhaltung, indem er dem Knaben spitzbübisch das Wasser aus dem Munde an die besagte Halsstelle spuckt.

„Man kann es nur vermuten", sagt Christof Präg, „aber offenbar war so viel rustikaler Humor den Leuten zu viel." In Erlangen blieb es deswegen nicht bei der Zusendung von Badehöschen an den Künstler, hier wurde handfest hingelangt. Bereits 1911, so hat es Präg im Stadtarchiv in alten Ausgaben des *Erlanger Tagblatts* recherchiert, wurden sowohl der bronzene Knabe als auch das winterliche Schutzhäuschen demoliert. Die Täter, wohl Mitglieder der in der Nähe beheimateten Burschenschaft „Bubenruthia", wurden von der Polizei nachsichtig behandelt und mussten lediglich die Reparaturkosten sowie 50 Reichsmark an eine Armenkasse zahlen.

Das Brunnenbuberl lächelt verschmitzt.

Das „Brunnenbuberl" überstand zwar alle kriegsbedingten Begehrlichkeiten des Zweiten Weltkriegs – Bronze wurde allerorten konfisziert und eingeschmolzen –, doch erst 1946 bemerkte der damalige Stadtarchivar Johannes Bischoff (1913-2014) sein Verschwinden. Eine Anwohnerin fand den Knaben allerdings noch im gleichen Jahr in einer ehemals von ihr bewohnten Wohnung in der Hindenburgstraße, die von der US-Army beschlagnahmt worden war. Im Jahr darauf wurde die Bronzefigur wieder zurück zum steinernen Faun gebracht und mit diesem vereint. Mit der Wiederherstellung des Ensembles wurde allerdings die Wasserführung verändert, sodass der Faun nicht mehr „spuckte". „Vermutet wurde sogar", so gibt Präg die damalige gesellschaftliche Debatte wider, „dass die gegenüber liegende Klinik darauf gedrungen hat, dass die Spuckerei aus Gründen der Hygienebildung unterbunden wird."

Neun Jahre später kam dann das endgültige Aus für das Duo. „Es waren", so erzählt Präg, „laut Polizei wohl sogenannte Halbstarke, die die Knabenfigur samt Sockel mit einem zwei Meter langen Holzbalken umstießen, dabei den rechten Arm des bronzenen Knaben abbrachen und den steinernen Faun völlig zerstörten." Da eine Instandsetzung kaum infrage kam, wurde der Brunnen eingemottet.

Erst im September 1961 wurde die Wiederaufstellung des Brunnens als Blickfang auf dem Maximiliansplatz erwogen. Etliche Vorschläge für eine Reparatur oder eine Rekonstruktion des Steins mit seinem Faun-Kopf als oberes Ende scheiterten jedoch an kritischen Stimmen im Stadtrat, die das Geld lieber an anderer Stelle im Kulturhaushalt investiert sehen wollten. Erst ein Vorschlag des Erlanger Künstlers Lothar Strauch schuf einen Kompromiss, berichtet Präg. Der hatte vorgeschlagen, man solle auf den Faun verzichten und das „Brunnenbuberl" an einen großen Muschelkalkstein-Findling mit einem Wasserauslass anlehnen. Was dann auch passierte.

So steht der Knabe seit Juni 1964 wieder in der Grünanlage am Maximiliansplatz, verteilt nun selbst das Wasser mit der Hand – falls der Brunnen gerade Wasser führt. In Leserbriefen beschwerten sich Kunstfreunde, dass die Gasteiger-Schöpfung ihren Charme verloren habe und des Künstlers Intention ins Leere laufe. Christof Präg hat sich mit der existierenden Lösung abgefunden: „Hauptsache, der Brunnen steht wieder."

Peter Millian

So geht's zum Brunnenbuberl:

Wo die Krankenhausstraße auf die Neue Straße trifft, befindet sich der Brunnen in der Mitte der dortigen Grünanlage auf dem Maximiliansplatz.

17

Weißes Lamm

Eine wechselvolle Nutzung

So ein niedliches kleines, weißes Lamm, das da munter und gut gelaunt über die Hauptstraße wacht. Allerdings nicht direkt, sodass es von Autos erfasst werden könnte, sondern in luftiger Höhe, wo es inmitten eines prachtvollen Auslegers aus der Hauswand ragt. Stadtkenner Bernd Nürmberger, der unweit des kleinen Lämmchens seine Apotheke hat, weiß: „Das Tierlein soll daran erinnern, dass sich hier einst eine Gaststätte befand." Und die hieß – genau: „Zum Weissen Lamm". Nürmberger berichtet weiter, dass Georg Vierzigmann das Haus im Jahr 1736 gebaut und darin eine Brauerei mit angeschlossener Zapfenwirtschaft eingerichtet hat. „Über dem Eingang befindet sich auch noch das Zunftzeichen der Bierbrauer." Das Haus war noch relativ neu – gerade einmal 15 Jahre alt, als auch schon der Name „Weisses Lamm" erstmals fiel. Im 18. Jahrhundert fanden hier wandernde Handwerksleute Unterkunft, das Haus diente als Gesellenherberge. „Bis in das 19. Jh. hinein wählten in E[rlangen] ankommende wandernde Handwerksgesellen ihr Nachtlager nach dem Herbergsschild ihrer Zunft aus", ist dem *Stadtlexikon* zu entnehmen. „In diesen Gasthöfen fanden sie ohne Aufwand preiswerte Unterkunft, kollegiale wie persönliche Kontakte sowie Informationen über Arbeitsmöglichkeiten." Aber auch für die Wirte war die Situation von Vorteil, denn dadurch sicherten sie sich eine Belegung ihrer Zimmer. Immerhin 19 der insgesamt 87 Wirtschaften hätten 1775 als Gesellenherbergen fungiert, berichtet Nürmberger. Nicht alle Zünfte kamen in einem Haus unter, das war nach Gewerk geteilt, für die Metzger gab es zum Beispiel Unterkünfte in Alt- und Neustadt und im „Weissen Lamm" waren Beutler, Büttner, Seiler und Nagelschmiede untergebracht.

Auch danach, als die Zeit der Gesellenherbergen vorbei war, ging es hier munter zu: Nun wurde im ehemaligen Stall ein Kino eingerichtet, die Lamm-Lichtspiele, die das Ehepaar Heydecker aus Nürnberg am

Prachtvoll: Das weiße Lamm vor blauem Himmel.

27. September 1919 als „Kammer-Lichtspiele im Pferdestall" des Gasthofs eröffnete. Mit einigen Unterbrechungen, unter anderem in der Besatzungszeit, und mehreren Pächterwechseln besteht das Kino bis heute.

Im Haupthaus konnte auch getanzt werden: Der Pächter des „Weissen Lamms" war gut im Geschäft, betrieb er doch auch das Café Fürst in der Blauen Glocke, Hauptstraße 4-6 und erreichte sogar eine Sperrzeitverkürzung, was allerdings dann und wann zu einem Polizeieinsatz führte, wie Nürmberger schmunzelnd berichtet. 1945, nach dem Zweiten Weltkrieg, hatte das kleine weiße Schäfchen dann als Namensgeber ausgedient. Da ging es ihm ohnehin nicht gut: „Als die Amerikaner kamen, haben sie es heruntergeschossen", sagt Nürmberger. „Es wurde dann im Stadtmuseum aufbewahrt, saniert und wieder angebracht." Gefeiert wurde in dem Gebäude nach wie vor: „Unter seinen neuen Namen Café Schneider (1945) und Café Melodie (1956) blieb das Tanzlokal E[rlangens] einzige Gaststätte mit verlängerter Öffnung", bescheinigt das *Stadtlexikon*.

Bernd Nürmberger kennt die Hauptstraße, in der sich auch seine Apotheke befindet, wie seine Westentasche.

Und das kleine weiße Lämmchen wacht, von dem Wunden genesen, wieder über die Straße. Nun, wo es nicht mehr Namensgeber ist, befindet es sich sozusagen im Ruhestand. Und den scheint es ausgiebigst zu genießen.

Eva-Maria Bast

So geht's zum Weißen Lamm:

Es ist an der Fassade des Gebäudes Hauptstraße 86 zu entdecken.

Das Blätterfruchtgebinde gehört zu Andreas Jakobs Lieblingsorten.

Blätterfruchtgebinde

18

Zum guten Schluss eine liebliche Verzierung

Wenn Dr. Andreas Jakob zur Arbeit läuft, kommt er meistens daran vorbei: „Das ist einer meiner Lieblingsorte, weil sich hier etwas aus einer Zeit erhalten hat, aus der es nicht mehr viel gibt“, sagt der Stadtarchivar und blickt nach oben zu dem steinernen Blätterfruchtgebinde, das wie eine Girlande über einem kleinen halbierten runden Fenster thront und das Eckgebäude mit der Hausnummer Krankenhausstraße 12 schmückt. Dass Blätterfruchtgebinde in der Universitätsstadt rar gesät sind, begründet der Leiter des Stadtarchivs, ebenso kurz wie schlüssig: „Erlangen war eine Barockstadt und Blätterfruchtgebinde sind typische Stilelemente des Frühklassizismus, einer politisch umtriebigen Zeit und einer Zeit im Umbruch, in der auf Dekoratives wenig Wert gelegt wurde."

Die Verzierung ist jedoch nur einer der Gründe, die den Stadtarchivar so für das dreistöckige Haus einnehmen: Es birgt ein Geheimnis, das Jakob nicht lange für sich behalten kann. „Die Anfänge der Erlanger Patientenversorgung liegen hier. Wir stehen vor dem ersten Krankenhaus der Stadt", unterstreicht er. Der Blick zurück in die Geschichte lohnt sich, denn das Hospital zeichnet sich durch eine äußerst wechselvolle, nahezu schon dramatische Geschichte aus. „1791 kam die Stadt, gemeinsam mit dem Fürstentum Bayreuth, zum Königreich Preußen", erzählt Jakob. Ein Zeitenwechsel zeichnete sich ab. „Es war absehbar, dass sich die Geschichte als Residenzstadt nicht mehr fortsetzen wird, weil es keine Hohenzollern mehr gab. Der letzte Markgraf wanderte nach England aus", schildert der Stadtarchivar die damaligen Verhältnisse. Die preußischen Herrscher Friedrich Wilhelm II. (1744-1797) und Friedrich Wilhelm III. (1770-1840) entwickelten etwas, das man im 21. Jahrhundert Masterplan nennen würde – mit Erlangen in der Hauptrolle: „Aus dem Fürstentum Ansbach und Bayreuth mit dem dazwischen liegenden Erlangen sollte ein Schaufenster gemacht werden", erklärt Jakob. Ausbauen und zukunftssicher gestalten, hieß die Devise. „Genau deshalb begann man 1803 mit dem Bau des Krankenhauses." Ein cleverer Schachzug, verfügte die Stadt doch bereits über eine Universität und hatte damit genügend Medizin-Expertise.

„Die Anfänge der Erlanger Patientenversorgung liegen hier. Wir stehen vor dem ersten Krankenhaus der Stadt."

Gerade einmal rund 50 mal 25 Meter groß war die Grundfläche, auf der die Handwerker loswerkelten – mitten im Schlossgarten. Dieser endete damals noch nicht an der heutigen Krankenhausstraße, sondern erstreckte sich weiter Richtung Osten bis zur jetzigen Östlichen Stadtmauerstraße. Ungefähr auf Höhe der späteren Erweiterungsbauten befand sich, bis die Bauarbeiter anrückten und mit dem Bau für das Krankenhaus begonnen wurde, sogar ein barockes Heckentheater, also ein höfisches Naturtheater, berichtet der Stadtarchivar. Eine Freilichtbühne, die dem Bau weichen musste.

Die Zeitläufe aber hatten mit dem mittelfränkischen Städtlein anderes vor, was dazu führte, dass der Bau erstmal nicht fortgesetzt werden konnte: In der Schlacht bei Jena und Auerstedt 1806 trug Napoleon den Sieg davon – Erlangen geriet unter französische Herrschaft. Vier Jahre später fiel es ans Königreich Bayern. Überlegungen der Bayern, den Erlanger Universitätsbetrieb einzustellen, wurden alsbald verworfen. „Dies wäre einem Abbrennen der Stadt gleichgekommen", zitiert Andreas Jakob den Kronprinzen Ludwig (1786–1868), der spätere König Ludwig I.

Während all dieser bewegten Jahre wurde der Krankenhausbau nicht weitergetrieben. Die Ruine verfiel. Nach dem Tod der letzten Markgräfin im Jahr 1817 übernahm die Universität den kompletten höfischen Besitz. Doch dann, endlich, wurde der Krankenhausbau wieder in Angriff genommen: Die Universität wollte wachsen, sie benötigte ein Krankenhaus, dessen Bau ansonsten die Stadt hätte übernehmen müssen. „Mit einer chirurgischen Abteilung und 25 Betten hat man es 1823/24 eröffnet", berichtet Stadtarchivar Jakob. Dekoriert mit einem Blätterfruchtgebinde im Stil der Zeit, dem Frühklassizismus. „Dass es überhaupt geschmückt wurde, war etwas Besonderes. Nach allen Umbauten, die es gab, ist das Blätterfruchtgebinde das älteste und einzige Relikt, das auf den Baubeginn 1803 hinweist", freut sich der Stadtarchivar.

Wer Andreas Jakob zuhört, spürt bald, weshalb er das Blätterfruchtgebinde mag. Ihn fasziniert ganz einfach die bewegte Geschichte dieses Hauses und der Stadt.

Ilona Hörath

So geht's zum Blätterfruchtgebinde:

Es befindet sich an der Ecke des Gebäudes Krankenhausstraße 12, gegenüber dem Hintereingang zum Schlossgarten.

19

Ruhstein

Erleichterung für Knechte und Mägde

Einfach zu finden ist er nicht", sagt der Hüttendorfer Ortssprecher Georg Menzel, „weil der Hohlweg immer wieder vom nachwachsenden Wald und Gebüsch verdeckt wird." Aber mit ein bisschen Geduld und Spürsinn kann man die kleine Bank aus Sandstein doch entdecken: den Hüttendorfer Ruhstein, der heute nur noch über eine kleine, den Rhein-Main-Donau-Kanal querende, Brücke zu erreichen ist. Der Stein hat eine tragische Vorgeschichte. Sie handelt von einer Magd, die sich beim Absetzen ihrer Trage auf einem Baumstamm so unglücklich in ihren Gurten verfing, dass sie sich selbst strangulierte und elend erstickte.

Diese Geschichte, die letztlich zum Aufstellen eines massiven Sandsteins führte, findet sich in der Hüttendorfer Ortschronik. Im 18. Jahrhundert war es üblich, Heu und Feldfrüchte von den Wiesen und Äckern im Talgrund der Regnitz auf Tragen ins Dorf zu bringen. Da der Weg zum Dorf hin ansteigt und somit sehr beschwerlich war, setzten die Bauern und ihre Knechte und Mägde die schwere Last zwischendurch ab – üblicherweise auf Baumstämmen, die am Wegesrand lagen. Da diese aber meist zu tief lagen und zudem uneben waren, passierte das Unglück mit der Magd. Danach beschlossen die Bauern, einen massiven Steinblock errichten zu lassen, auf dem schwere Lasten gut abgestellt und auch wieder aufgenommen werden konnten.

Der Ruhstein, etwa 900 Meter nordöstlich des Hüttendorfer Ortskerns im Wäldchen „Regnitzholz" am früheren Kirchenweg nach Eltersdorf gelegen, besteht aus einer massiven Sandsteinplatte, die durch vier Eisenklammern auf zwei Sockeln zusammengehalten wird.

„Über den genauen Zeitpunkt seiner Errichtung ist in der Ortschronik nichts enthalten", bedauert Georg Menzel. „Man weiß nur, dass er, wie die meisten erhaltenen Ruhsteine, vermutlich aus der Zeit zwischen dem 16. und dem 19. Jahrhundert stammt."

In einem Hohlweg im „Regnitzholz" versteckt sich der Ruhstein, Ortssprecher Georg Menzel zeigt, dass er seine Funktion erfüllt.

Die kleine Bank aus Sandstein ist von historisch interessierten Bürgern aus Hüttendorf schon früher immer mal wieder freigelegt und gesäubert worden. Und es muss Zeiten gegeben haben, in denen man vom Ortsrand – an der Straße „Talblick" – den Stein im Gelände sehen konnte. Nach dem Bau des Kanals aber geriet die Gemarkung jenseits des Gewässers ins Abseits und auf dem Ruhstein fand lange Zeit niemand mehr Ruh – bis die Hüttendorfer ihr „Regnitzholz" nach dem Bau der Brücke wiederentdeckten.

„Mit der Einführung landwirtschaftlicher Fahrzeuge haben Ruhebänke ihren Zweck eigentlich verloren, und oft sind sie auch als Hindernisse beiseite geräumt oder zerstört worden", sagt Georg Menzel. „So gesehen ist es ein glücklicher Umstand, dass der Hüttendorfer Ruhstein vom Gebüsch überwuchert und von der Geschichte vergessen wurde", so der Ortssprecher. „Damit haben wir ihn wenigstens intakt wiederentdecken können."

Peter Millian

So geht's zum Ruhstein:

Hüttendorf über die Straße Talblick talabwärts verlassen, den Kanal überqueren und am Bolzplatz links ins Regnitzholz gehen. Ein Hohlweg führt zum Ruhstein.

Andreas Jakob weiß, was die Vase mit einer Kirche zu tun hat.

20

Vase

Steinerne Blumen für die Markgräfin

Der Baum-Methusalem mit seinen weit ausladenden Ästen wurzelt fest vor dem Gebäude, über dessen Eingang in großen Lettern *Geologisches Institut* geschrieben steht. Im Inneren des historischen Gebäudes forschen heute Wissenschaftler des „GeoZentrums Nordbayern". Flankiert ist das Portal links und rechts von korinthischen Säulen. Sie ruhen auf zwei massiven Sockeln, auf denen die Reliefs zweier Blumenvasen mit Trauben und Zitronen den Gast begrüßen. Der Blickfang aber ist eine steinerne Sonnenblume. Betrachtet man die neubarocke Fassade des Gebäudes, stellt sich unweigerlich die Frage: Ein Zweckbau des 19. Jahrhunderts, den die Universität vielleicht schon damals als Kollegienhaus nutzte?

„Erlangen hat immer noch eine Prise Ungewöhnliches mehr im ohnehin schon Ungewöhnlichen", weiß Andreas Jakob, lächelt und setzt zu einem Zeitsprung zurück ins frühe 18. Jahrhundert an. „Würden wir im Jahr 1710 an diesem Ort stehen, würden nun die markgräflichen Wächter ihre Waffen auf uns richten", fährt er fort und führt dieses beunruhigende Bild näher aus: „Zu dieser Zeit war der Schlossgarten der höfischen Gesellschaft vorbehalten, der Zutritt für das gemeine Volk strengstens verboten." Denn gleich nebenan im Schloss herrschte das Ehepaar Markgraf Christian Ernst (1644-1712) und Markgräfin Elisabeth Sophie (1674-1748).

1710, zwei Jahre vor dem Tod Christian Ernsts, eröffneten der Markgraf und seine Gattin mit barockem Pomp das frisch errichtete Gebäude. Allerdings nicht zu Studienzwecken – sondern als Schloss- oder Konkordienkirche. Geschuldet war die Einweihung des Neubaus auch den Feierlichkeiten zum 50. Bestehen des 1660 gestifteten Ritterordens „de la Concorde". Die Namensgebung Concordia, zu deutsch Einigkeit, könnte ein weiterer Hinweis darauf sein, was es – ganz lokal vor Ort – außerdem zu vereinen galt. Andreas Jakob erklärt: „Der Markgraf war lutherischen Glaubens, seine Frau reformiert. Das Ziel der beiden war es, die Gottesdienste nach dem Ritus der beiden Konfessionen abwechselnd zu feiern." Eine solche eheliche Glaubenspaarung stand nicht auf der barocken Tagesordnung, weiß Jakob. „Verbreitet waren solche gemischten Ehen nicht. Das Fürstenpaar bildete eine Ausnahme", führt er aus.

Oft kamen die beiden aber nicht zum Gebet zusammen: Zwei Jahre nach der Eröffnung verstarb Christian Ernst, die Umsetzung des ambitionierten Planes geriet ins Stocken.

Erst ab 1724 traf sich der Hofstaat wieder zum Beten und nutzte das Gotteshaus exakt 20 Jahre lang, bis es 1744 profaniert und fortan weltlichen Zwecken diente. Der Grund: Bis 1743 war die Neustädter Kirche als großes lutherisches Gotteshaus erbaut worden, weitaus größer und auch prächtiger ausgestattet als die Konkordienkirche. Währenddessen verlor diese ihr Innenleben: Die Orgel zog in die reformierte Kirche nach Bayreuth, der Altar wurde teilweise in der

Neustädter Kirche recycelt. Zwischen 1804 und 1824 musste das nun profane Gebäude weitere gravierende Eingriffe über sich ergeben lassen, wie Andreas Jakob zu berichten weiß: „An den Außenfassaden schlug man die barocken Verzierungen ab, erweiterte den Mittelbau nach beiden Seiten und setzte dem Haus ein mächtiges Walmdach auf", beschreibt er die baulichen Veränderungen. „Nachdem das Gebäude einige Zeit leer stand, funktionierte die Universität, die zwischenzeitlich zum Eigentümer geworden war, es zur Bibliothek um", schildert Andreas Jakob die Geschichte. Später wurde die ehemalige Kirche gar zum Fechtboden, auf dem Studenten das Fechten lernten und ab 1840 nutzte die Universität das Gebäude nahezu 50 Jahre lang als Kollegienhaus. In den Räumen sei es so dunkel gewesen, zitiert Andreas Jakob aus historischen Quellen so manche Spötter, dass einzig die glimmenden Zigarren der Professoren Licht spendeten.

„Der Markgraf war lutherischen Glaubens, seine Frau reformiert. Das Ziel der beiden war es, die Gottesdienste nach dem Ritus der beiden Konfessionen abwechselnd zu feiern."

Und die Blumenvase auf dem Sockel, jenes Kleinod, an dem man gerne vorbeieilt? „Sie ist außer dem ursprünglichen Mittelbau des Gebäudes das einzige, was heute tatsächlich noch barock ist", unterstreicht Jakob ihre Bedeutung. „Und damit auch das einzige, was vom Ursprungsbau an Fassadenschmuck geblieben ist." Steinerne Blumen des lutherischen Fürsten für seine reformierte Gattin.

Ilona Hörath

So geht's zur Vase:

Die beiden Blumenvasen befinden sich am Sockel neben dem Eingangsportal zum Schlossgarten 5, direkt gegenüber der Orangerie.

Pfarrer Dr. Peter Baumann hat sich mit der Geschichte der kleinen Kapelle beschäftigt.

21

Kapelle

Gottes Segen für Reisende und Siechen

Der Hang, auf dem sie thront, ist mit Tulpen bewachsen, die Sonne scheint auf das alte Gemäuer, es ist ein Ort, der zum Verweilen einlädt. Und ein Ort, über den man sehr wenig weiß, wie Dr. Peter Baumann festgestellt hat. Dabei sitzt er direkt an der Quelle, gehört die Kapelle doch zur Altstädter Kirchengemeinde, bei der er Pfarrer ist.

Der Legende nach geht die kleine Kapelle auf eine Spende eines „Fräulein von Erlangen", einem niederadeligen Rittergeschlecht entstammend, zurück, belegt ist das aber nicht. „Ich bin mir so gut wie sicher, dass diese Kapelle früher auch als Wegestation diente, an der die Gläubigen beten und Geld in den Opferstock werfen konnten", sagt der Geistliche. „Denn die Straße, die hier vorbeiführt, die Bayreuther

Straße, war schon immer die Hauptstraße, die von Nürnberg in Richtung Norden führte, also nach Forchheim und Bamberg."

Doch bevor die Reisenden in oder an der kleinen Kapelle beteten, gehörte sie vermutlich seit dem 14. Jahrhundert zum Seel- und Siechenhaus, das ihr direkt gegenüber lag und gemeinsam mit der Kapelle eine Einsiedelei bildete. „Beides befand sich damals noch vor den Stadtmauern", sagt Baumann. Zum Seelhaus ist im *Stadtlexikon* zu lesen, dass es sich wohl einst um ein zum Heil der Seele des Stifters eingerichtetes Armenhaus gehandelt habe, das vermutlich im Dreißigjährigen Krieg (1618-1648) zerstört und anschließend nicht wieder aufgebaut wurde. „Dagegen befand sich das winzige Siechhaus am Fuß des Burgbergs an der Landstraße nach Baisersdorf, zu ihm gehörten das Siechengärtlein etwas oberhalb davon und vermutlich die Burgbergkapelle." Ihren Namen hat die kleine Kapelle aus dem 15. Jahrhundert übrigens schlicht ihrer Lage zu verdanken – sie steht auf dem 332 Meter hohen Burgberg. Der Geistliche ergänzt: „Dass sie aus dem 15. Jahrhundert stammt, schließen wir aus dem Stil des Baus. Die Kapelle ist schon etwas ganz Besonderes, wegen ihrer Geschichte aber auch wegen der Stimmung, die hier herrscht. Und es ist schade, dass so viele Menschen achtlos vorüberfahren." Tag für Tag. Die Alternative: Einen Parkplatz suchen, die wenigen Höhenmeter überwinden und ein paar Minuten innehalten.

„Ich bin mir so gut wie sicher, dass diese Kapelle früher auch als Wegestation diente, an der die Gläubigen beten und Geld in den Opferstock werfen konnten."

Eva-Maria Bast

So geht's zur Kapelle:

Das kleine Gotteshaus steht in der Bayreuther Straße 38.

Eisenring

Goodbye und Hallo!

Ringlein, Ringlein, Du muss wandern – das geht hier gar nicht. Erstens ist der Eisenring fest in der Mauer verankert und zweitens kann er seine Brüder nicht alleine lassen. Diese hängen in Reih und Glied an den ehemaligen Stallungen der Artilleriekaserne. Was sie wohl sagen würden, wüssten sie, wer heute an ihnen vorbeiläuft? Jedermann, aber keine uniformierten Soldaten mehr. Frisch lackiert sehen die Eisenringe aus, wie unbenutzt. Als wären niemals Pferdeleinen um sie herumgeschlungen worden, um die Vierbeiner an Ort und Stelle zu halten. Von 1868 bis 1994 war Erlangen Garnisonstadt. 126 Jahre lang hieß es: Hacken zusammenschlagen, strammstehen, marschieren. Ab April 1945 unter US-amerikanischer Flagge.

Als die GIs Erlangen „Goodbye" sagten, endete eine Epoche. Und wenn etwas aufhört, startet das Neue durch. „Für mich beginnt die Geschichte des Neustarts am 1. Juli 1993, als das Pentagon mitteilte, dass die US-Soldaten, damals im Irak-Krieg im Einsatz, von dort nicht mehr nach Erlangen zurückkehren würden", erinnert sich der damalige Wirtschafts- und Liegenschaftsreferent Dr. Siegfried Balleis an den Abzug der Amerikaner. Plötzlich wurden weit mehr als eine Million Quadratmeter frei, genau gesagt waren es 1.360.000, die bis zu diesem Zeitpunkt militärisch genutzt wurden. „Eine Fläche, die doppelt so groß war wie die Innenstadt, das war meinen Kollegen und mir jeden Tag bewusst. Ohne lange darüber nachzudenken, wussten wir: Das ist unsere historische Chance, einen neuen Stadtteil zu entwickeln", sagt Balleis. Nach dreijährigen Verhandlungen mit dem Eigentümer der Flächen, der Bundesrepublik Deutschland, kam es zur Einigung und ein städtebaulicher Wettbewerb wurde – bereits unter dem Oberbürgermeister Dr. Dietmar Hahlweg – ausgerufen. „Wir haben die Flächen extrem schnell entwickelt", erklärt Balleis, der 1996 zum Oberbürgermeister gewählt wurde. Nach einem Namen für das neue Quartier

Wünsch Dir was: Siegfried Balleis dreht an einem Eisenring, der an den alten Pferdeställen befestigt ist.

musste nicht lange gesucht werden. Gemeinsam mit der Lokalzeitung, den *Erlanger Nachrichten*, wurde ein Namenswettbewerb veranstaltet. Die Bürger votierten mit großer Mehrheit für die Wortneuschöpfung Röthelheimpark. Fortan wurde überall gebaut, ausgebaut und umgebaut: Einfamilienhäuser, Wohnungen, Einkaufszentren, Schulen, Arztpraxen, Geschäftshäuser, Forschungslabore, eine Sporthalle und sogar eine Medizintechnikfabrik. Ein ganzes Stadtviertel entstand neu, das sich zu den historischen Kasernengebäuden mit den Pferdestallungen und zu den Eisenringen gesellte. Siegfried Balleis hat ein Stück Stadtgeschichte begleitet, drei Jahre als Wirtschaftsreferent und 18 Jahre als Oberbürgermeister.

„Ohne lange darüber nachzudenken, wussten wir: Das ist unsere historische Chance, einen neuen Stadtteil zu entwickeln."

Er dreht an dem Eisenring und wirft dann einen Blick hinüber zu den ehemaligen Kasernengebäuden aus Backstein. Die Artilleriekasernen wurden unter Denkmalschutz gestellt: „Da gab es keine Diskussion. Das ganze Areal hat ein absolut außergewöhnliches Flair", freut sich Siegfried Balleis. Die Eisenringe sind die Konstanten in einem Viertel, das anfangs Soldaten beherbergte. Vielleicht sind die Eisenringe auch das Symbol für einen Kreis, der sich mit der Entstehung des Röthelheimparks geschlossen hat – als ab 1686 die barocke Neustadt errichtet wurde, die der Stadt einen gewaltigen Schub nach vorne gab.

Ilona Hörath

So geht's zum Eisenring:

Die Eisenringe sind entlang der Fassade des Gebäudes Nr. 4030 in der Konrad-Zuse-Straße zu finden.

Der „Kosbacher Altar“ ist als Kultstätte neben dem Hügelgrab im Mönauer Forst ziemlich einmalig, findet Martin Nadler, Archäologe am Bayerischen Landesamt für Denkmalpflege.

23

Kosbacher Altar

Archäologischer Fund im Forst

„Der Kosbacher Altar ist unter allen uns bekannten Funden prähistorischer Zeugnisse einmalig.“ Für Martin Nadler, Archäologe und beim Bayerischen Landesamt für Denkmalpflege für die Bodendenkmäler zuständig, ist der „Kosbacher Altar“ ein alter Bekannter. Bereits 1979 war er Mitglied einer Grabungskampagne, die im Mönauer Forst westlich von Erlangen, eben im Stadtteil Kosbach, im Wald buddelte. Dabei suchten er und seine Kommilitonen vom Lehrstuhl für Archäologie nach etwas Bekanntem, das lediglich ein wenig aus dem Blick geraten war.

1913 nämlich grub der Erlanger Pfarrer Rudolf Herold (1879-1917) genau hier einen eisenzeitlichen Grabhügel aus der Zeit von 650 bis 400 vor Christus aus, neben dem er auf eine kleine rechteckige Steinsetzung mit niedrigen Pfeilern an den Ecken und in der Mitte stieß – offenbar ein Kultplatz. Für diesen prägte er den Begriff „Kosbacher Altar". Die Funde seiner Ausgrabung, darunter wertvoller Schmuck sowie Tonscherben, stifteten er und der wegen der Knochenfunde hinzugezogene Anatomieprofessor Leo Gerlach der Universität Erlangen, was 1914 zur Gründung der heutigen Ur- und Frühgeschichtlichen Sammlung der Universität führte.

Als „Kosbacher Altar" wird heute die annähernd quadratische Steinsetzung aus Burgsandstein bezeichnet, die sich im Westen an den mittlerweile dicht bewachsenen Grabhügel anschließt. Die gesamte Innenfläche der Anlage ist gepflastert, wobei jede Ecke von einem aufrecht stehenden Stein markiert wird. In der Mitte dieser Pflasterung befindet sich ein Sandsteinblock, der die ihn umgebenden Steine um etwa einen halben Meter überragt. „Wir haben Glück gehabt, dass der Entdecker die Fundstätte nach ihrer Dokumentation wieder zugeschüttet hat", sagt Nadler, „sodass sich die Anlage in einem guten Zustand befand, als wir sie bei der Nachgrabung im Jahr 1979 wieder freilegten." Es fehlte nur jener bedeutsame Mittelstein, der 1913 in die Sammlung der Universität Erlangen aufgenommen worden war. Die studentische Gruppe des Instituts für Ur- und Frühgeschichte der Universität wurde dabei vom Leiter des Forstamtes, Helmut Horneber, nachdrücklich unterstützt, „selbst Oberbürgermeister Dietmar Hahlweg interessierte sich für die Ausgrabung und kam öfters vorbei – manchmal sogar mit einer Brotzeit."

Der „Kosbacher Altar" schließt ein großes Hügelgrab, das offenbar immer wieder als Grablege verwendet wurde.

Der neben dem Altar angelegte Hügel diente offenbar der Bestattung, sogar die Hügeleinfassung ließ sich rekonstruieren. Grabungen ins Innere erbrachten jedoch keine Ergebnisse. „Nach Einschätzung der Funde kann man davon ausgehen, dass der Hügel über mehrere Jahrhunderte als Grablege diente“, ist sich Nadler sicher. „Man muss annehmen, dass es hier eine Siedlung gab, zumal der heutige Wald damals wohl nicht vorhanden und der Hügel von weitem sichtbar war.“

Bei der Nachgrabung im Jahr 1979 zeigte sich aber auch, dass die Entstehungsgeschichte des Hügels völlig anders gewesen sein muss als ur-sprünglich angenommen. „Die Fundstelle ist wohl in mehreren geschichtlichen Phasen entstanden“, vermutet Nadler, „die ältesten Funde gehören in die jüngere Bronzezeit und spätestens in der frühen Eisenzeit wurde der Grabhügel zur Aufnahme von mehreren Bestattungen gestaltet.“ Erst zuletzt habe man wohl am Fuß des Hügels die Steine für den „Altar“ gesetzt.

Was die Forscher bis heute stutzig macht? „Während sich Grabhügel, Gräber und Beigaben im überregionalen Vergleich gut in den Forschungsstand einfügen,“ erklärt Nadler, „gibt der Altar bis heute Rätsel auf.“ Vielleicht ist es auch dieser Umstand, dass der „Kosbacher Altar“ – Spaziergänger können heute eine Replik der ursprünglichen Steinkonstruktion am Originalfundplatz besuchen – von einigen Besuchern als geheimnisvoll und mystisch wahrgenommen wird. Denn „Altäre“ oder Opferplätze in Mitteleuropa sehen ganz anders aus und bauliche Parallelen sind eigentlich nur aus dem Mittelmeerraum bekannt. „Warum also“, fragt Nadler, „finden wir eine derartige Konstruktion im Mönauer Forst? Und hatte sie dort dieselbe Funktion?“ Er konstatiert: „Der ‚Kosbacher Altar‘ bleibt ein Mysterium.“

Peter Millian

So geht's zum Kosbacher Altar:

In der Mitte der Forststraße zwischen Kosbach und Dechsendorf zum kleinen Waldparkplatz abbiegen. Bis zum ausgeschilderten Kosbacher Altar sind es 300 Meter zu Fuß.

Luftschacht

Als im Bierkeller einmal Gold lagerte

„Erna" versteckt sich gut, auch noch nach 75 Jahren. Nur wenige Eingeweihte wissen, wo sie zu finden ist. Am Burgberg, oberhalb des Hübner-Kellers in einem schmalen Hangstück, ist der Anfang dessen zu sehen, was sich tief in den Burgberg hinein fortsetzt: ein aus Ziegelsteinen gemauerter Luftschacht, auf dem ein Betondeckel liegt und der mit einem grünen Metallgitter verschlossen ist. Erna ist ein weiblicher Name, das ist gewiss. Doch in diesem Fall diente er als Deckname während des Zweiten Weltkriegs. „‚Erna' war ein Geheimprojekt der Nazis zur Verlagerung der Rüstungsproduktion untertage", sagt Thomas Engelhardt, der den Luftschacht aufgespürt hat.

Als um 1943/44 die Alliierten nahezu uneingeschränkt die Lufthoheit über Deutschland erlangten, setzte die NS-Spitze alles daran, deutsche Rüstungsbetriebe zu sichern, denn diese waren das vorrangige Ziel der amerikanischen und englischen Bomber. „Also ordnete das Reichsministerium für Rüstung und Kriegsproduktion die Verlagerung der Kriegsproduktion in unterirdische Stollen, Schächte und Keller an", weiß der Stadtforscher. „In Erlangen griff man auf die Felsenkeller am Burgberg zurück. Im April 1944 wurde mit den Planungen zur Verlagerung der Rüstungsproduktion in die Burgbergkeller begonnen, im Juli fing dann der Ausbau der Kelleranlagen an", hat Engelhardt recherchiert. Kellergänge gab und gibt es im Burgberg zuhauf, kleine bis hin zu haushohen. Sie messen zusammen mehrere Kilometer, wobei freilich schon damals einige der 16 Burgbergkeller in den hinteren Bereichen verschüttet waren.

Der Luftschacht, der, so Engelhardt, 1944/45 angelegt wurde, sorgt für die Luftzirkulation. Er basiert auf dem Gesetz der Schwerkraft: Wenn es im Winter sehr kalt ist, steigt die wärmere Luft aus den Kellern nach oben, während im Sommer die warme Luft allmählich abkühlt und nach unten sinkt.

Thomas Engelhardt freut sich, ein oberirdisches Relikt des Erna-Projekts entdeckt zu haben.

„Der Luftschacht gehörte zu einem weit verzweigten Heizungs- und Lüftungssystem, das für die geplanten unterirdischen Fabriken installiert wurde", weiß Engelhardt. Als der Schacht in den Berg hineingesprengt wurde, trugen das darüber liegende Haus und eine Gartenmauer Schäden davon. „Das ist aktenkundig", unterstreicht der Stadtkenner. Für das Erna-Projekt wurden Gelder in Höhe von 870.000 Reichsmark bewilligt, um Kellerflächen von etwa 10.000 Quadratmetern für die Kriegsproduktion auszubauen.

Erna begann, konkret zu werden. „5.000 bis 6.000 Kubikmeter Erde schafften meist russische und polnische Zwangsarbeiter aus dem Berginneren heraus, teilweise wohl mit Hilfe von Loren." So entstand Raum: Weil große Produktionsmaschinen untergebracht werden mussten, wurden viele Stollen verbreitert oder ihr Boden abgesenkt. Die großen hallenartigen Räume, in denen einst Natureis für die Bierproduktion gelagert wurde, hatten ohnehin schon eine Höhe von 5 bis 8,5 Metern.

Dunkel und staubig: Hinter dem Gitter führt ein Luftschacht in die Tiefen des Burgbergs.

In den Burgbergkellern sollten verschiedene Zulieferbetriebe für die Luftwaffe untergebracht werden. Zunächst erhielt die Firma Siemens-Reiniger-Werke im April 1944 den Befehl, die gesamte Fertigung von Bordfunkgeräten unterirdisch zu verlagern. Später wurden weitere Firmen in die Keller eingewiesen, die hier Messgeräte oder Widerstände für elektronische Geräte herstellen sollten. Thomas Engelhardt hat bei seiner Suche nach historischen Dokumenten sogar eine Bestandsliste für Navigationsgeräte gefunden, die bei Kriegsende in einem der Stollen lagerten.

Der 13. April 1945 war der letzte Tag, an dem in den Kellern gearbeitet wurde. „Bis dahin war der Kellerausbau weitgehend abgeschlossen", sagt Engelhardt. Produziert wurde darin nicht, doch alles was man unterirdisch benötigte, war vorhanden: Strom, Wasser, Gas, Entwässerung, eine Heizungs- und Lüftungsanlage, Waschräume, Telefon und vermutlich auch eine Trafostation. „Einige Fabrikationsbereiche standen kurz vor der Produktionsaufnahme“, zieht Engelhard Bilanz. Doch dazu kam es nicht. Am 15./16. April 1945 marschierten die Amerikaner in Erlangen ein.

Besonders spannend: In den Kellern lagerte einst auch Gold. Das ist eine echte Kuriosität. „Etwa zwei Wochen vor dem Einmarsch transportierte das Unternehmen W. C. Heraeus, eine Platinschmelze, seine Gold- und sonstigen Edelmetallvorräte aus dem hessischen Hanau nach Erlangen in den Henninger-Keller, wo sie seit Dezember 1944 einen Verlagerungsbetrieb einrichtete“, erklärt der Stadtforscher. Als die Begleitmannschaft hörte, dass die US-Truppen bereits Würzburg erreicht hätten – was eine Falschmeldung war – packte sie kurzerhand alles wieder ein und fuhr mit der wertvollen Fracht nach Württemberg zu einem sichereren Versteck. „So kam es, dass einmal sehr viel Gold zumindest wohl für eine Nacht im Burgberg lagerte“, erzählt Engelhardt schmunzelnd.

Doch Erna hat noch eine andere Seite. „In den letzten Kriegswochen hat man die Ausweichbefehlsstelle des Oberbürgermeisters und den Hauptverbandsplatz der Luftschutz-Sanitätsbereitschaft 40 Meter tief unter der Erde im Henninger-Keller eingerichtet“, sagt Thomas Engelhardt. Außerdem gab die Bauleitung bestimmte Stollen für die Bevölkerung frei, damit diese bei Fliegeralarm Schutz finden konnten. So ist das Geheimprojekt Erna also doch nicht so ganz geheim geblieben. Die Burgbergkeller – und damit auch Erna – waren am 15./16. April 1945, den beiden letzten Kriegstagen in Erlangen, für Tausende zur Zufluchtsstätte geworden.

Ilona Hörath

So geht’s zum Luftschaft:

Eine richtige Adresse gibt es nicht. Man findet den Luftschacht am Abzweig vom Pfaffweg zum Anwesen „An den Kellern 19“.

Bronzeplatte

Erinnerung an einen Freiheitskämpfer

Ein 16-jähriger Kellner aus einem Dorf bei Erlangen als Held im amerikanischen Befreiungskrieg? Ein armer Bauernbub, nach dem in den USA zwei Denkmäler, neun Städte, sechs Landkreise und zahlreiche Straßen - darunter eine Avenue im New Yorker Stadtteil Brooklyn - benannt sind? Von der deutschen Öffentlichkeit weitgehend unbemerkt, hat sich in den USA um einen Befreiungskämpfer aus Hüttendorf eine eigene Erinnerungskultur entwickelt, die bis nach Franken ausschlägt.

Tatsache ist: Der 1721 in Hüttendorf als Johann Kalb geborene Sohn armer Bauern starb 1780 in Camden in South-Carolina als Brigadegeneral in der Armee von Baron Friedrich Wilhelm von Steuben (1730-1794), der als preußischer Offizier und amerikanischer General die Armee im Amerikanischen Unabhängigkeitskrieg zum Sieg führte.

Die Hüttendorferin Berthe Kraft ist eine geborene Kalb und Nachfahrin in elfter Generation. In ihrem Wohnzimmer hängt ein in Öl gemaltes Portrait ihres berühmten Vorfahren, an der Hauswand neben der Haustüre ist eine große Bronzeplatte mit den Lebensdaten von Johann Kalb befestigt. Als diese 1960 von einer amerikanischen Besuchergruppe angebracht wurde, „da war ich ja noch a jungs Madla", wie Berthe Kraft sagt, die damals noch Kalb hieß. „Und an die vielen Leut, die hier um Haus herumgschwirrt sind, kann ich mich auch noch erinnern. Und daran, dass kanner Deutsch gredt hat."

Dass Johann Kalb einmal in amerikanischen Diensten stehen würde, war, so weiß es Berthe Krafts Neffe Norbert Hagen, nicht abzusehen. Als Jean de Kalb tauchte er 21-jährig als Leutnant in einem aus Deutschen bestehenden französischen Infanterie-Regiment auf, weiß er zu berichten. Und es wird vermutet, dass er sich den Adelstitel „de" selbst zugelegt hat, da eine militärische Karriere damals fast nur adeligen Offizieren vorbehalten war. Hagen kennt die Familiengeschichte der Kalbs genau, ist er doch als Sohn seiner verstorbenen Kalb-Nach-

Norbert Hagen, entfernter Verwandter von Johann Kalb, vor dem Anwesen der Familie Kraft/Kalb in der Vacher Straße 11.

fahrin Elisabeth – der Schwester von Berthe Kalb – selbst ein Mitglied der weit verzweigten Familie.

„Das Krieg führen blieb Kalbs Metier", fasst Hagen zusammen. Kalb nahm demnach am Österreichischen Erbfolgekrieg ebenso teil wie am Siebenjährigen Krieg und durfte sich ab 1761 Oberstleutnant nennen. „Da war er gerade mal 40 Jahre alt." Nach einem Besuch Neuenglands in französischem Auftrag – heute würde man von Spionage sprechen – schien es, als kehre er ins zivile Leben zurück. Er lebte einige Jahre mit seiner Frau, der Tochter eines reichen Tuchfabrikanten, und seinen drei Kindern auf einem Schlösschen bei Paris. Geldsorgen schien er nicht zu haben.

Als ihm 1775 der französische Kriegsminister vorschlug, sich in führender Stellung am Unabhängigkeitskrieg der Amerikaner zu beteiligen, schloss sich Kalb zwei Jahre später dem erst 19-jährigen französischen Militär und Aufklärer Marquis de La Fayette (1757-1834) an, um sich mit ihm – beide als Generalmajore – dem Kampf der amerikanischen Kolonien gegen England zu stellen. Dabei wurde Kalb in der Schlacht bei Camden in South-Carolina tödlich verwundet.

Berthe Kraft (geb. Kalb) in ihrem Wohnzimmer neben dem Portrait ihres Vorfahren.

Für den Befreiungskämpfer aus Hüttendorf ist den amerikanischen Patrioten offenbar kein Weg zu weit. „Wir hatten immer wieder Delegationen aus den USA hier", erinnert sich Hagen, „in den Vereinigten Staaten kennt den Namen Kalb jedes Schulkind." In Fürth hieß das in den 1950er-Jahren erbaute Amerikanerviertel „Kalb-Community", zudem gibt es dort eine Kalb-Schule. Erlangen, zu dem Hüttendorf seit 1974 gehört, kann einen Johann-Kalb-Sportplatz vorweisen und im Stadtteil Röthelheimpark eine Kalb-Straße. „Hier in

Hüttendorf", so erinnert sich Norbert Hagen, „gab es an seinem Geburtshaus seit den 1880er-Jahren eine Gedenktafel, die auf den 1903 errichteten Neubau übertragen wurde." Heute prangt eine große Messingstafel an der Hauswand, die 1960 die „Föderation amerikanischer Bürger deutscher Abkunft" anbringen ließ und an den Hüttendorfer in amerikanischen Diensten erinnert.

Die Bronzetafel der „Föderation amerikanischer Bürger deutscher Abkunft", die diese 1960 anbringen ließ und die an Johann Kalb erinnert.

Norbert Hagen aber hat sich selbst auf die Spuren seines Vorfahren gemacht. „Anfang der 1980er-Jahre haben wir Kalbs Schloss bei Paris und dessen Nachfahren, also weitläufige Verwandte von uns, besucht. Und an der alljährlichen Steuben-Parade, die immer am dritten Samstag im September auf New Yorks 5th Avenue stattfindet, haben wir auch schon teilgenommen und werden dies mit einer großen Delegation wieder tun", sagt Hagen. „Wir" - das ist der Hüttendorfer Feuerwehrverein, dessen Vorsitzender Hagen ist. „Mit der Hüttendorfer Fahne in der Steuben-Parade ganze vorne zu laufen, das hat schon etwas Erhebendes", sagt er. „Und wenn unser Vorfahr nicht vor General Steuben gestorben wäre, würde die Parade heute nach ihm benannt sein."

Peter Millian

So geht's zur Bronzeplatte:

Sie hängt unübersehbar am Haus Vacher Straße 11.

P

26

Karzer

Widerborstige Studenten

Da steht es geschrieben. Im dicken, alten Lettern auf den Mauern des Gebäudes mit dem quadratischen Grundriss an der Apfelstraße. *Karzer*. Will heißen: ein Ort, an dem widerborstige Studenten arretiert wurden, auf dass sie wieder vernünftig werden. Und damit, dass es in Erlangen widerborstige und auch aufmüpfige Studenten geben würde, rechneten die Universitätsgranden offenbar, zumindest richteten sie gleich 1743, als die Uni gegründet wurde, einen Karzer ein – allerdings nicht dort, wo heute *Karzer* an der Mauer steht, sondern im Turmstumpf der Sophienkirche, Hauptstraße 14. Und die Studenten trieben tatsächlich allerlei Schabernack. So viel, dass der Platz schon nach zwei Jahren nicht mehr ausreichte und weitere Räume gesucht werden mussten. Selbige fanden sich im Eckgebäude zum Hugenottenplatz, Hauptstraße 18. „Bis 1828 blieben die Karzer in der Hauptstraße bestehen, dann wurden sie wegen schlechtem Zustand und sich häufender Beschwerden aufgegeben und in das Lange Haus, Theaterstraße 3, verlegt", schildert Stadtkenner Bernd Nürmberger, der über den Karzer publiziert hat. So schrieben zum Beispiel Mitte Dezember des Jahres 1828 Studenten der Universitätsverwaltung, dass „diesen Carcern das Licht fehle, der Aufenthalt darin wahrscheinlich wegen Feuchtigkeit sehr ungesund sey, und überhaupt die innere Beschaffenheit mehr einen Criminal- als einem policeylichen Gefängniß gleiche." Und es gab noch einen weiteren entscheidenden Nachteil: Der Aufseher der Studenten war Karzermeister Deininger. Der hatte allerdings zwei Jobs und verdingte sich außerdem noch als Anatomiediener, weshalb er in der Orangerie wohnte. „Dort befand sich damals die Anatomie", erklärt Nürmberger. Und deshalb schlief er auch nicht, wie angedacht, in einem Vorzimmer des Karzers, sondern eben in der Orangerie. Nur gegen Mitternacht schaute er nach, ob der „Arrestant etwas bedürfe." Das, erklärt Nürmberger, sei auch insofern nicht ganz ungefährlich gewesen, weil die

Der einstige Karzer erhebt sich in den blauen Erlanger Himmel.

Studenten ja eingesperrt waren. „Am 14. Dezember 1828 schlug der Stadtcommissär deshalb vor, eine Glocke anzubringen, damit der eingesperrte Student bei Bedarf, zum Beispiel bei Feuergefahr, den Karzermeister rufen könnte."

In den Karzer gesperrt zu werden, das wurde von den jungen Männern aber keineswegs grundsätzlich als Strafe empfunden. „Es gab auch Studenten, die hier gern einsaßen und irgendwie gehörte es auch zum guten Ton, einmal im Karzer gesessen zu haben", sagt der Geschichtskenner belustigt. Manche wollten auch einfach ihre Ruhe haben: Bekannt ist zum Beispiel, dass eine Gruppe von Studenten Einlass begehrte, weil sie „für das folgende Semester Seelenruhe zu ihren Studien haben wollten."

Viele Studenten hätten im Karzer durchaus Spaß gehabt: „Wenn sie in den Karzer zogen, war das für sie bestimmt kein trauriger Tag", erzählt der Stadtkenner schmunzelnd. „Sie stiegen aufs Dach und randalierten." Nürmberger hat eine Erklärung von Rottmeister Marquardt aus dem Jahr 1829 ausfindig gemacht, in der dieser beklagt, dass sich namentlich die Studenten vom Verein Germania am Anfang eines Semesters „etwas ungebührlich aufführten". Und als die Regierung von Ansbach 1831 nach einem dritten Karzer angefragt hatte, fiel die Antwort der Universitätsverwaltung zurückhaltend aus, berichtet Nürmberger weiter. „Man teilte mit, dass die ‚Karzerstrafen eben nicht so vorzüglich wirksam seien'."

Der Schriftzug erinnert an die einstige Nutzung des Gebäudes.

Als das Lange Haus, Theaterstraße 3, in dem sich die Karzer befanden, 1838 verkauft wurde, mussten neue Räume gesucht und gefunden werden. „Und da fiel die Wahl auf den alten Wasserturm, an dem heute noch der Schriftzug zu finden ist", erzählt Nürmberger die Geschichte weiter. „Im dritten Stock wurden zwei Karzer eingerichtet." Das kam dem Brunnenmeister, der zu jener Zeit im Wasserturm lebte, gerade recht: Ohnehin war sein Einkommen gar zu kläglich, um davon eine Familie ernähren zu können. Er wurde mit der Aufsicht über die Karzerinsassen betraut, dafür bekam er 5 Kreuzer täglich von jedem Arretierten und 15 Kreuzer für die Reinigung des Karzers von jedem Studenten. Im Gegenzug musste er dafür sorgen, dass die Studenten sich benehmen. Will heißen: „Die arretierten Studierenden müssen sich in Arrest in jeder Beziehung bescheiden benehmen. Sie dürfen nicht toben, nicht lärmen, nicht mehr trinken und essen, als nothwendig und gewöhnlich ist. Mehr als drei Maas Bier des Tages dürfen ohne besondere Ermächtigung der den Arrest verfügenden Behörde nicht abgegeben werden", wie es in der Karzerordnung heißt. So ganz befolgten die Studenten die Anweisungen aber nicht: „Sie hielten dann und wann gern ein Schwätzchen mit dem Vorbeikommenden, man hätte die Fenster verriegeln können, aber das wurde dann aus verschiedenen Gründen wieder verworfen", erläutert Nürmberger.

Am 4. Dezember 1888 starb der Karzermeister. Seine Witwe übernahm zwar seine Arbeit, erntete dafür aber Empörung. Professor Kolde fand, es sei unglaublich, dass „eine dienstes- und erwerbsunfähige Frau von 79 Jahren als Karzerwärterin fungiert." Dennoch dauerte es noch ganze zehn Jahre, bis die Karzerräume auf den Dachboden des Mineralogischen Instituts im Schlossgarten umzogen. „Und als das der Fall war, war die Zeit der Karzerstrafen dann auch schon fast vorbei", sagt Nürmberger und ergänzt: „Was aber nicht heißt, dass die Studenten fortan brav waren."

Eva-Maria Bast

So geht's zum Karzer:

Der einstige Karzer steht in der Apfelstraße 12.

Rohre

Am Bohlenplatz ging es in die Tiefe

Während inmitten einer kleinen Anlage auf dem Bohlenplatz, die sich wegen ihrer konzentrischen Stein- und Rasenkreise „Labyrinth" nennt, munter ein Brünnlein sprudelt, ist von einer viel bedeutsameren Quelle fast nichts mehr zu sehen. Lediglich eine Platte aus Edelstahl und zwei Be- und Entlüftungsrohre verdecken nur einen Steinwurf entfernt den Schacht eines Brunnens, „der einen wichtigen Beitrag zur Stadtentwicklung darstellte", wie Sigrid Kowol-Wagner, Leiterin der Abteilung Wasserbereitstellung bei den Erlanger Stadtwerken, sagt.

Gegenüber der Hals-, Nasen- und Ohren-Klinik in der Friedrichstraße wurde in den Jahren 1864 bis 1869 in mehreren Anläufen ein 222 Meter tiefer artesischer Brunnen gebohrt – ein Brunnen also, dessen Wasser nicht aufwendig heraufgepumpt werden muss, sondern der durch den Erddruck von selbst sprudelt. „Das Wasser", so berichtet Sigrid Kowol-Wagner unter Berufung auf Zeitzeugnisse, war deutlich wärmer als unser heutiges Trinkwasser, aber offenbar trinkbar."

Das war damals in Erlangen nicht selbstverständlich. Zwar gab es fast 30 öffentliche Brunnen, doch war deren Wasser meist von schlechter Qualität, da sie nicht tief genug gründeten. In der Universitätsstadt Erlangen existierte noch bis Anfang der 1880er-Jahre, also ein halbes Jahrhundert nachdem Nachbarstädte wie Nürnberg und Fürth mit dem Bau unterirdischer Kanäle begonnen hatten, kein modernes Entwässerungssystem. Die Niederschläge flossen ebenso wie die Gewerbe- und Haushaltsabwässer oberirdisch über die breiten Rinnen der Fahrstraßen in die Regnitz und die Schwabach, was zu erheblichen sanitären Missständen führte. „Es muss in Erlangen gerade in der heißen Jahreszeit fürchterlich gerochen haben", so die Stadtwerke-Managerin.

Einzige Ausnahme war die von Bürgermeister Johann Georg Ritter von Schuh (1846-1918) im Jahr 1872 erste angelegte Kanalisation

Die Leiterin der Erlanger Wasserversorgung, Sigrid Kowol-Wagner, am längst gesperrten Tiefbrunnen.

im Bereich des Bohlenplatzes. Der neu gebaute Kanal machte aber schnell einen Nachteil deutlich, den die sehr flache Stadtlandschaft mit sich brachte: Der Kanal hatte wenig Gefälle und bedurfte häufiger Spülungen, um seiner Aufgabe nachzukommen. Und das benötigte Wasser musste ortsnah gefunden werden. Der wenige Jahre zuvor erschlossene Brunnen lieferte also hochwillkommenes Wasser – aber nur zum Spülen des Kanals, wie auch der im Jahr 2013 erschienene Sammelband *Sauberes Wasser!* über den *Entwässerungsbetrieb der Stadt und seine Geschichte* zitierter Verwaltungsbericht vermeldet.

Nachdem die Stadt weitere Quellen erschloss und auch Hochbrunnen anlegte, die für mehr Wasserdruck sorgten, geriet der Brunnen fast in Vergessenheit. Erst 1908 wurde „der artesische Brunnen am Bohlenplatz, der in Verbindung mit einer Spülkammer stand und viele Jahre außer Betrieb war, wieder instand gesetzt", heißt es in dem Bericht weiter. Die Beobachtung ergab, dass der Brunnen das 24.000 Liter fassende Reservoir einmal in der Woche zu füllen vermochte. „Außer Zweifel ist diese Kanalspülung in sanitärer Hinsicht vorteilhaft, und es wird deshalb dem Vollzuge fortgesetzt Aufmerksamkeit gewidmet", zitiert Sigrid Kowol-Wagner den Verwaltungsbericht. „Es wurde sogar – das war 1910 – der Vorschlag gemacht, auf dem Bohlenplatz ein Freibad anzulegen", liest sie aus den alten Unterlagen heraus.

Ein besonders groteskes Kapitel zu dem zwischenzeitlich stillgelegten Brunnen findet sich im Jahr 1939 wieder, als der heutige Bohlenplatz nach einem antisemitischen Schriftsteller namens Dietrich Eckart (1868-1923) benannt war. Da lässt sich in schwärmerischer Manier in den *Erlanger Heimatblättern* vom 20. Dezember 1939 Friedrich Jamin (1872-1951), ein geheimer Medizinrat, Professor und Universitätsklinikdirektor, über die Wiederentdeckung des Brunnens nach Jahren des Vergessens aus: „Der im Jahre 1935 wiederentdeckte Heilbrunnen auf dem Dietrich-Eckart-Platz ist seit Frühjahr 1939 mit einem guten, selbsttätigen Auslauf versehen, von Ruhebänken umgeben, so gut ausgestattet, dass er der Aufmerksamkeit der Heilsuchenden würdig ist." Nach einem Lob auf die Inhaltsstoffe des Wassers kommt er zu dem Schluss: „Das wirklich Brauchbare, das bei der ganzen Geschichte herausgekommen war, ein für viele Krankheitsfälle heilkräftiges Wasser, wurde über ein halbes Jahrhundert aus nicht ohne weiteres ersichtlichen Gründen geheim gehalten, bis es fast ganz versickert war. Es ist zu hoffen, dass diese Gabe der Natur künftig besser ausgenützt werde, als in jener auf zu sehr auf Einzelwünsche eingestellten „guten alten Zeit". Dann könnte dieser Brunnen noch zu einer Wohltat für die Volksgesundheit werden."

„Es muss in Erlangen gerade in der heißen Jahreszeit fürchterlich gerochen haben."

Ob der Brunnen tatsächlich der „Volksgesundheit" – so der damalige Sprachgebrauch – nützte, ist nicht überliefert. „Aus heutiger Sicht", so sagt Sigrid Kowol-Wagner, „wäre das Wasser bestenfalls nach der Heilwasserverordnung trinkbar, würde aber nicht unserer Trinkwasserverordnung mit ihren strengen Kriterien genügen. Zudem kann nach heutigen Vorgaben ein Trinkwasserbrunnen mitten im Stadtgebiet nicht betrieben werden, da hier die notwendige Sicherheit durch die Ausweisung eines Wasserschutzgebietes nicht gegeben ist." Seit 1945 wurde der Brunnen dauerhaft gesperrt.

Peter Millian

So geht's zu den Rohren:

Sie befinden sich auf dem Bohlenplatz in direkter Nähe zum dortigen Spielplatz.

Höhlenfenster

Der Blick hinter die Kulissen

Blauer Himmel und blühende Gärten: Wer aus einem Fenster blickt, erfreut sich oft einer schönen Aussicht. Was aber, wenn man einmal von außen neugierig durch ein Fenster ins Innere hineinspitzen will und direkt hinter der Glasscheibe eine Zementwand die Sicht verstellt? Und sich noch dazu auf der Glasscheibe gemütlich Spinnweben ausbreiten? „Das Fenster lässt sich einfach nicht putzen", klagt Dr. Walter Welß. Gerade mal 40 Zentimeter breit und knapp einen Meter lang ist das Fensterchen. Einen Kippmechanismus hat es nicht, und wer es zum Putzen öffnen will, der scheitert. Ganz einfach deshalb, weil es fest in der Höhlenwand verbaut ist. Nein, dieses Fenster in der Neischl-Höhle im Botanischen Garten mag Walter Welß gar nicht und schüttelt missbilligend den Kopf. „Es war der Denkmalpflege im Jahr 2007 wichtig, dass dort ein Fenster hinkommt, damit die Besucher die Zementwand betrachten können", erklärt Welß. Jeder solle sehen können, wie die Höhle aufgebaut ist.

Von außen ist das Fenster von viel herrlichem Grün umgeben. Ein Anblick, den der Vorsitzende des „Freundeskreis Botanischer Garten Erlangen" gerne genießt: Rotbuchen, jede Menge Eiben, Farne. „Das soll die Vegetation der Fränkischen Alb darstellen", sagt Welß. Also ein Landstrich, in dem es spektakuläre Tropfsteinhöhlen gibt. Tropfsteinhöhlen wie die Neischl-Höhle, vor der Welß steht, eben jene mit dem Fenster, das er nicht leiden kann. „Manches, was hier steht, ist 1907 gepflanzt worden, als die Höhle nach Erlangen kam", erzählt Welß. Als die Höhle nach Erlangen kam? Eine Höhle, sollte man meinen, kann doch nicht einfach irgendwo hinkommen. Sie entsteht, entweder auf natürlichem oder auf künstlichem Weg, wird in den heimischen Fels eingehauen. Aber sie kann nicht einfach so „kommen". Diese schon, wie Walter Welß weiß. Und das hat mit dem Geologen, Major a.D. und Höhlenforscher Adalbert Neischl (1853-1911) zu tun, nach dem die

Der Naturfreund Walter Welß weiß, dass das Höhlenfenster erst 2007 eingebaut wurde.

Höhle benannt ist. Der hatte den Plan gefasst, oberirdisch eine echte Tropfsteinhöhle naturgetreu nachzubilden und dem Publikum somit den geologischen Aufbau der Nördlichen Fränkischen Alb nahezubringen. „Er ließ diese Höhle allerdings nicht für den Botanischen Garten bauen, sondern 1906 in Nürnberg anlässlich der Bayerischen Jubiläumsausstellung zur Hundertjährigen Zugehörigkeit der früheren Freien Reichsstadt zum Königreich Bayern", erklärt Walter Welß. Und als die Ausstellung beendet war, machte Neischl der Erlanger Universität ein spezielles Geschenk: als Beleg seiner wissenschaftlichen Naturforschungen eben eine Höhle. Sie wurde in Nürnberg abgebaut und ein Teil davon nach Erlangen transportiert. „Die Handwerker bauten hier nur die Holz- und Stahlkonstruktion wieder auf. Die Innenwände entstanden dann aus Zementmörtel, der von Metallstäben und Hasengitterdraht gehalten wird", führt Walter Welß aus. Der Effekt fasziniert noch heute die Besucher, die Dolomit- und Tuffsteinwände sehen täuschend echt und damit jahrtausendealt aus. Und etwas „Echtes" gibt es in der Höhle tatsächlich: Einige wenige Tropfsteine, die aus anderen Höhlen übriggeblieben waren, als man dort zum Beispiel Wege anlegte. Die Neischlhöhle sei als Lehrmaterial gedacht gewesen, fährt der Experte fort. „Und um den Menschen die damals beschwerliche Reise in die Fränkische Schweiz mit ihren Tropfsteinhöhlen zu ersparen." Walter Welß, der einst in Erlangen Biologie studierte, hätte sie gerne schon damals besucht. Aber er hatte Pech: Zu seinen Studienzeiten war sie in schlechtem

Nicht Tropfsteine, sondern eine Wand aus Zementmörtel ist beim Blick durch das Fenster zu sehen.

Zustand und aus Sicherheitsgründen gesperrt und der junge Student schlich bei seinen Besuchen im Botanischen Garten immer wieder sehnsüchtig um den Höhlenhügel herum: „Das hatte etwas Geheimnisvolles, man durfte nicht hinein", sagt Welß. Dass sie heute wieder begehbar ist, ist dem „Freundeskreis Botanischer Garten Erlangen" zu verdanken, der sich 2005 entschied, die Höhle vom Freistaat bis 2035 zu pachten und instand zu setzen, bevor sie vollends verfallen sollte. Pünktlich zum hundertjährigen Jubiläum kamen 250.000 Euro zusammen und die Erlanger feierten die Rundum-Restaurierung der Höhle. Welß freut sich darüber, dass sein Schmuckstück längst Baudenkmal ist. Und das Fenster, das er nicht leiden kann? Als Student hätte er sich über das Fenster vielleicht gefreut. Für alle, die durch das eckige Guckloch auf die Höhlenkonstruktion schauen wollen, empfiehlt der Naturfreund die richtige Ausrüstung: „Eine Taschen- oder Handylampe." Schließlich sind Höhlen in ihrem Inneren normalerweise nicht beleuchtet. Auch eine „echt künstliche" nicht.

„Die Handwerker bauten hier nur die Holz-und Stahlkonstruktion wieder auf. Die Innenwände entstanden dann aus Zementmörtel, der von Metallstäben und Hasengitterdraht gehalten wird."

Ilona Hörath

So geht's zum Höhlenfenster:

Das Höhlenfenster befindet sich links neben dem Gittereingang zur Neischl-Höhle im Botanischen Garten. Um es zu erreichen, klettert man vorsichtig einige wenige Schritte den Hügel hoch.

Die Taube signalisierte den Gläubigen: Land in Sicht!

29

Taube

Land in Sicht!

Manchmal will sie sich nicht zeigen. Vor allem dann, wenn der Wind von Westen kommt, entzieht sie sich den Blicken, wendet jenen, die von unten vom Hugenottenplatz zu ihr emporblicken, den Rücken zu. Die Rede ist von der Taube, die, einem Wetterhahn gleich, die Spitze des Turms der Hugenottenkirche krönt. Eine Taube steht im sakralen Zusammenhang gern als Symbol für den Heiligen Geist – hier ist das anders, wie die Historikerin Dagmar Seck weiß: „Diese Taube hält einen Ölzweig in ihrem Schnabel – das kommt von der Arche Noah und ist das Symbol der Hoffnung dafür, dass wieder Land in Sicht ist." Denn Noah sandte eine Taube aus, als Kundschafter für trockenes Land. Diese Taube kam mit einem Ölzweig (Olivenzweig) zurück. Somit wusste Noah, dass Land nah war, die Sintflut zu sinken begann, Gott Frieden geschlossen hatte und den Menschen nicht mehr zürnte.

Und genau das soll die Taube auf der Spitze des Gotteshauses zum Ausdruck bringen: Diejenigen, für die diese Kirche gebaut wurde, konnten wieder Hoffnung schöpfen, für sie war wieder Land in Sicht, ein Land, in dem sie ihren Glauben frei leben durften: Die Rede ist von den Hugenotten, wie die französischen Protestanten im vorrevolutionären Frankreich genannt werden. Die Kirche, auf dessen Turm die Taube Platz genommen hat, wurde eigens für sie gebaut.

„Die Hugenotten gehen zurück auf den Reformator Calvin“, beginnt Dagmar Seck zu erzählen. „Der war ein Stückchen jünger als Luther, hat sich mit dessen Thesen befasst, fand den reformierten Glauben attraktiv, wurde 1533 aber von König Franz I., der Frankreich seit 1515 regierte, des Landes verwiesen, ist in die Schweiz gegangen und hat von dort aus weiterhin Prediger nach Frankreich geschickt.“ Das passte Franz I. (1494-1547) aber so gar nicht: „Die französische Monarchie war zentralisiert, sie war katholisch und wenn einige reiche Familien zu Beispiel protestantisch geworden wären, wäre seine Machtgrundlage in Gefahr gewesen“, erklärt die Historikerin. „Deshalb hat er befohlen, ‚die gesamte lutherische Sekte auszurotten‘. Und er machte Ernst, verfolgte die Hugenotten und auch nach seinem Tod trat keine Besserung ein.“ Dagmar Seck nennt als Beispiel die Bartholomäusnacht vom 23. auf den 24. August 1572, als sich ein grausames Hugenottenpogrom ereignete.

Das Leiden der französischen Protestanten zog sich über viele Generationen hin. Dennoch verließen von etwa einer Million Hugenotten nur rund 20 Prozent das Land, wie Dagmar Seck recherchiert hat. „In den 1680ern spitzte sich die Situation nochmals zu“, erzählt die Historikerin die Geschichte weiter. „Das bekam unser Markgraf Christian Ernst mit.“ Und dachte sich, er könne doch ganz wunderbar zwei Fliegen mit einer Klappe schlagen: Als lutherischer Fürst seinen reformierten Glaubensbrüdern helfen. Und den Innovationsgeist der Hugenotten mitsamt ihren Gewerben wie Strumpfwirkerei, Gobelinherstellung und Hutmacherei nach

„Und dachte sich, er könne doch ganz wunderbar zwei Fliegen mit einer Klappe schlagen: Als lutherischer Fürst seinen reformierten Glaubensbrüdern helfen.“

Erlangen holen und seine Stadt damit zu einer Blüte bringen. Denn das Markgraftum Brandenburg-Bayreuth, zu dem Erlangen gehörte, lag zu jener Zeit wirtschaftlich ziemlich darnieder, der Dreißigjährige Krieg (1618-1648) war nicht lange her und den Hugenotten eilte der Mythos voraus, wahre Wunder zu bewirken. „Dieser Mythos hat sich in Preußen schon im 18. Jahrhundert entwickelt", sagt Dagmar Seck. „Er besagte, dass es der Zuwanderung der Hugenotten zu verdanken ist, dass Brandenburg-Preußen so groß wurde und dass die protestantischen Glaubensflüchtlinge, alle ausgesprochen gebildet und handwerklich und unternehmerisch sehr geschickt sind." Jedoch: „Es mag sein, dass die Hugenotten, auch weil sie zum Beispiel aus einem technisch sehr fortschrittlichen Land kamen, tatsächlich Dinge ins Heilige Römische Reich brachten, die man dort nicht kannte. Das war aber keine spezifisch hugenottische Leistung, die Franzosen waren dem Heiligen Römischen Reich lediglich etwas voraus", ordnet Dagmar Seck ein.

Dagmar Seck hat Geschichte und Französisch studiert und interessiert sich deshalb besonders für die Hugenotten.

Der Markgraf ließ sich jedenfalls nicht lumpen: „Vor den Toren der Altstadt, in dem von jeher die Erlanger lebten, hatte er für die Hugenotten eine barocke Planstadt mit eigenen Stadtmauern, eigenem Recht, eigener Verwaltung und eben eigener Kirche angelegt", sagt die Historikerin, die auch französisch studiert hat und sich deshalb für die französische Geschichte ihrer Heimatstadt besonders interessiert. „Die Bauzeit der Kirche dauerte sieben Jahre, von 1686 bis 1693", erzählt sie. Einen Turm gab es nach Ende dieser Bauzeit aber noch nicht: „Bis der stand, hat es noch fast 40 Jahre gedauert.“ Das lag schlicht und einfach daran, dass dem Markgrafen dann eben doch das Geld ausgegangen war. 1732 wurde mit dem Bau dann aber begonnen, 1736 war der Kirchturm fertiggestellt. Die Finanzierung des Turmbaus wurde zum großen Teil durch die Gläubigen selber gestemmt, was mit hohem finanziellen Aufwand verbunden war.

Gekrönt wurde der Turm dann von ebenjener Taube. Wann genau sie auf die Spitze des Gotteshauses kam, ist unklar: „Als der Turm Mitte des 19. Jahrhunderts restauriert wurde, ist den Quellen zu entnehmen, dass die Taube von 1723 wieder aufgesetzt wurde, aber 1723 stand der Turm ja noch gar nicht“, argumentiert die Historikerin. Vermutlich unterlief dem Chronisten einfach nur ein Zahlendreher. Auf alten Ansichten aus der Anfangszeit finde sie die Taube zwar nicht, was aber auch daran liegen könne, dass nicht detailgetreu gezeichnet wurde. Dagmar Seck sagt: „Ganz egal, wann sie nun auf die Turmspitze gesetzt worden ist, die Taube mit dem Ölzweig und der Arche Noah war von Anfang an ein Kirchensiegel der reformierten Gemeinde.

„1959 knüpfte die evangelisch-reformierte Gemeinde an diese hugenottische Tradition an und übernahm das ‚Urbild‘ der Arche in ihrem Siegel.“ Und klar ist auch: Bei der Sanierung war der goldene Vogel schon hier beheimatet und signalisierte den Hugenotten: Land in Sicht!

Eva-Maria Bast

So geht’s zur Taube:

Sie krönt den Turm der Hugenottenkirche am Hugenottenplatz.

In der Supraporte, dem Hauszeichen über der Tür, sind die verschlungenen Hände als Zeichen der Solidarität und die „sonnige Zukunft" zu sehen.

30

Sonnenhände

Clever einkaufen und sparen

Selbstgemachte Limonade und Selters, frisch gerösteter Kaffee und frische Backwaren, Zwieback und Nudeln aus eigener Produktion: Was heute anmutet wie die Produktpalette eines Supermarktes, war das normale Warenangebot der im Jahr 1877 gegründeten Konsum- und Spargenossenschaft. Und diese residierte, inklusive des Ladens, in einem stattlichen, 1906 errichteten Jugendstilhaus – dem ersten selbstgeschaffenen Bauwerk der Erlanger Arbeiterbewegung. Der Gebäudekomplex, der vom Bohlenplatz bis zur heutigen Südlichen Stadtmauerstraße reichte, wurde 1997 abgerissen. An seine Stelle trat ein Mietwohnungsneubau.

„Um das Jugendstilhaus ist es jammerschade", sagt Michaela Meyer, wissenschaftliche Mitarbeiterin im Stadtmuseum, „aber immerhin sind noch einige Hinweise auf den ursprünglichen Zweck des Anwesens erhalten geblieben." So gibt es neben einem auf die Fassade gemalten Sinnspruch ein ganz besonders auffälliges Relikt: Über der Eingangstür des Neubaus befindet sich die noch erhaltene Supraporte, die die Genossenschaftssymbole darstellen: zwei sich verschränkende Hände als Zeichen der Solidarität, im Hintergrund eine Sonne als Sinnbild einer strahlenden Zukunft. „An Symbolen war die Arbeiterbewegung schon immer reich", konstatiert Michaela Meyer, „das hatte auch stets etwas Selbstbestärkendes."

Tatsächlich gewann mit der Industrialisierung im 19. Jahrhundert die Genossenschaftsidee an Bedeutung. Gerade im sich industriell stürmisch entwickelnden Erlangen – neben Medizin- und Elektrotechnik gab es auch eine große Weberei sowie zahlreiche Handwerksbetriebe – war der Bedarf in der Arbeiterschaft, aber auch in den ärmeren Schichten des Bürgertums, am günstigen Bezug von Kosumwaren groß. „Ein bereits im Jahr 1855 von Erlanger Bürgern gegründeter „Consum-Verein" verlangte von seinen Mitgliedern aber zu hohe Einlagen und war deshalb nur von kurzer Dauer", erklärt Michaela Meyer.

Nach etlichen Nach- und Neugründungen blieb ab 1877 ein „Konsum- und Sparverein" bestehen. Dieser wandelte sich aber 1890 zum „Marken- und Sparverein" um. „Der neue Name war Programm", erläutert Michaela Meyer, „denn mit den vom Verein an seine Mitglieder ausgegebenen Marken konnten diese in bestimmten Läden mit einem fünfprozentigen Rabatt einkaufen." Da aber durch die Aufschläge des Zwischenhandels die Waren nicht wesentlich günstiger wurden, ging die Genossenschaft dazu über, die Beschaffung und eben auch die Herstellung selbst in die Hand zu nehmen.

Dazu gründete der Vorstand des Marken- und Sparvereins – und erste Oberbürgermeister nach 1945 – Anton Hammerbacher (1871-1956) im Jahr 1901 den ebenfalls von ihm geleiteten „Consum- und Sparverein für Erlangen und Umgegend eGmbH". Dank des regen Zulaufs aus den Reihen von Gewerkschaften und Sozialdemokraten kam der Verein schon bald auf 4.000 Mitglieder. Und entwickelte sich zu einem prosperierenden Unternehmen mit eigener Warenproduktion, das 1926 auf einen Umsatz von einer Million Reichsmark kam.

Um den Anforderungen einer eigenen Warenproduktion zu genügen, wurde 1906 mit dem Bau im Hof des Anwesens Bohlenplatz 22 ein neues Hauptgebäude im Jugendstil, mit Kontor, Lagerhaus, Dampfbäckerei, Kohlengeschäft und Wohnungen begonnen. „Man muss sich das als einen beachtenswerten Gebäudekomplex vorstellen", erzählt Michaela Meyer, „und es wurde bald so eng, dass die Genossenschaft ihre Verwaltung und ihr Zentrallager in die alte Mälzerei der Brauerei Henninger-Reifbräu in die Vierzigmannstraße verlegte und dort eine neue Großbäckerei baute." Daneben besaß die nun auch in der Stadtgesellschaft bedeutsame Genossenschaft etliche Läden im Stadtgebiet wie in einigen Umlandgemeinden. „Es war eine kleine Welt in der großen", wie Michaela Meyer sagt.

Michaela Meyer kennt die Geschichte der Konsum- und Spargenossenschaft.

Mit der Machtübernahme durch die Nationalsozialisten 1933 begann der Niedergang. Im Juni 1933 wurde die Konsumgenossenschaft „gleichgeschaltet", ihr gewerkschaftlich wie in der SPD aktiver Vorsitzender Hammerbacher aus dem Vorstand ausgeschlossen und vorübergehend ins KZ Dachau gebracht. Schließlich folgte zur Jahreswende 1941/42, wie bei allen Genossenschaften, die zwangsweise Auflösung. Aber bereits im Oktober 1946 war die Erlanger Konsum- und Spargenossenschaft die erste in Bayern, die wiedergegründet wurde.

Ironie der Geschichte: Was den Nationalsozialisten nicht dauerhaft gelang, erledigten die marktwirtschaftlichen Konzentrationsprozesse: 1965 ging die Erlan-ger Genossenschaft in der „Konsumgenossenschaft Franken“ (Nürnberg) auf, diese wandelte sich 1969 in „Coop-Franken“ und 1988 in die „Bayerische Warenhandelsgesellschaft Verbraucher AG“.

„Die Suche nach nach regionalen Produkten und kurzen Wegen vom Produzenten zum Verbraucher zeigt, dass die Genossenschaftsidee weiterlebt.“

„Da hatten die großen Handelsketten mit ihren Rabattschlachten dem Gedanken der Konsumgenossenschaft längst die Legitimation entzogen“, so Michaela Meyer. „Heute“, mutmaßt sie, „sind die Sparvereine zwar Geschichte, aber die Suche nach regionalen Produkten und kurzen Wegen vom Produzenten zum Verbraucher zeigt, dass die Idee weiterlebt.“ Sozusagen ein Handschlag wie auf der Supraporte.

Peter Millian

So geht's zu den Sonnenhänden:

Sie sind in der Südlichen Stadtmauerstraße 66 zu sehen.

Martin

Bewegtes Dasein eines Heiligen

Unterwegs verlor er seinen Bettler, zwischendurch hatte sein Pferd Schlappohren, er musste auf dem dunklen Speicher sein Dasein fristen, nur dann und wann wechselten ein paar Groschen den Besitzer und es schlich sich jemand zu ihm hinauf, betete bei ihm, suchte bei ihm Kraft. Lang ist das her, inzwischen hat er seinen Platz gefunden, der heilige Martin. Ein Sternenhimmel überspannt sein Haupt, die Ohren seines Pferdes stehen wieder normal, nur der Bettler, der hat nie zu ihm zurückgefunden: Der heilige Martin hat einen langen Weg hinter sich und ein Stück des Weges hat ihn Dr. Peter Baumann, Pfarrer der Martinskirche, begleitet. Der protestantische Geistliche findet die Geschichte der hölzernen Heiligenfigur, die eigentlich von den Katholiken angebetet wurde, ausgesprochen anrührend – und auch so bezeichnend für die Geschichte von Erlangens Glaubensgemeinden. „Erlangen liegt ja fast wie eine lutherische Enklave in katholischem Gebiet", sagt er. „Und offenbar war die Martinskirche, in der sich die Martinsfigur befindet, vor der Reformation ein beliebtes Ziel von Wallfahrern aus dem Landkreis Forchheim." Nach der Reformation, als die Martinskirche evangelisch wurde, nahm die Wallfahrerei nicht ab. „Zunächst haben meine Kollegen das gar nicht so schlecht gefunden, schließlich brachten diese Wallfahrer ja auch Spenden", sagt der Pfarrer und ergänzt belustigt: „Obwohl sie nach außen hin natürlich so taten, als sei das Teufelszeug." Mitte des 18. Jahrhunderts war es damit dann aber auch vorbei: Pfarrer Caspar Jakob Huth (1711-1760) ging die katholische Wallfahrerei in seiner protestantischen Kirche um 1750 gehörig auf den Zeiger und er verfrachtete den armen Martin kurzerhand auf den Dachboden.

Nun begann die Zeit, in der der Heilige im Finstern sein Dasein fristen musste, nur dann und wann stieg jemand zu ihm hinauf und betete zu ihm. „Das musste dann aber ganz im Geheimen geschehen

Pfarrer Dr. Peter Baumann hat den heiligen Martin richtig liebgewonnen.

und mit dem Segen des Mesners, der damit nicht schlecht verdiente", erzählt Pfarrer Baumann die Geschichte weiter. Um 1850 wurde Martin vom Dachboden befreit und auf der Empore neben der Orgel in die Wand eingemauert. Nun konnten die Gläubigen wieder pilgern. „1928 wurde die Figur dann restauriert, Martin fehlten sein Schwert und seine Kopfbedeckung, der Bettler war ihm abhandengekommen, sein Pferd hatte keine Ohren mehr", erzählt der Geistliche weiter. So ganz glückte die Sanierung nicht, Martin hatte nun zwar eine Kopfbedeckung aber sein Pferd Schlappohren und der Bettler fehlte nach wie vor. „Immerhin, als man ihm 1968 seinen Schrein baute, in dem sich die Figur heute befindet, hat man die Ohren des Pferdes dann auch korrigiert", erzählt Pfarrer Baumann. Jener Schrein ist dem Martin zur Heimat geworden, und auch seinem Pferd mit den schönheitsoperierten Ohren. Nur der Bettler, der ist immer noch nicht wieder aufgebaut. Aber dafür ragt Martins Stirn in den Sternenhimmel. Meistens muss er jedoch nach wie vor im Dunkeln ausharren: Die Türen des Schreins sind häufig verschlossen.

„Immerhin, als man ihm 1968 seinen Schrein baute, in dem sich die Figur heute befindet, hat man die Ohren des Pferdes dann auch korrigiert."

Eva-Maria Bast

So geht's zum Martin:

Er befindet sich in der Kirche St. Martin auf dem Martinsbühl. Dieser liegt, wenig idyllisch, zwischen der Bundesautobahn 73 und der viergleisigen Bahnstrecke Nürnberg–Bamberg.

Prof. Gunnar Och am Grab des schwedischen Dichters Per Ulrik Kernell auf dem Neustädter Friedhof.

32

Literatengrab

Eine schwedisch-fränkische Freundschaft

„August von Platen muss der Tod seines Freundes Per Ulrik Kernell tief getroffen haben“, ist Prof. Gunnar Och, Platen-Spezialist und Lehrstuhlinhaber für Neuere Deutsche Literaturgeschichte an der Erlanger Universität, überzeugt. „Sein Abgesang auf Kernell, der am Grab auf dem Neustädter Friedhof vorgetragen wurde, lässt erahnen, wie intensiv die Beziehung trotz ihrer kurzen Dauer war.“ Denn dem im schwedischen Linköping 1797 geborenen Dichter und Sänger waren – nach der Rückkehr von einer Italienreise in Erlangen eintreffend – gerade mal neun Monate vergönnt, um Platen und dessen Freundeskreis intensiver kennenzulernen.

Die Italienreise hatte der heute als Romantiker geltende Kernell angetreten, um – vergebens, wie sich zeigen sollte – eine Tuberkulose auszuheilen. Auf der Rückreise wollte er eigentlich nur den an der Erlanger Universität lehrenden Philosophieprofessor Friedrich von Schelling (1775-1854) treffen, der ihm von einem Münchner Bekannten empfohlen worden war. Kernell wird von diesem freundlich aufgenommen, wie es die Literaturwissenschaftlerin Monika Franz in ihrem Aufsatz *Per Ulrik Kernell – ein schwedischer Romantiker in Erlangen* für ein Symposium anlässlich des 200. Geburtstags Kernells beschreibt. Bei Schelling lernt Kernell auch August von Platen (1796-1835) und dessen Freund Prof. Veit Engelhardt (1791-1855) kennen und schätzen.

Kernell, der als Dichter und Sänger vor allem mit seinen Liedvorträgen aus der Feder des schwedischen „Nationaldichters" Carl Michael Bellmann (1740-1795) bekannt geworden war, begeistert sich in Erlangen an den Vorlesungen Schellings über die Bedeutung der Mythologie. „Diese Vorlesungen sowie die Persönlichkeit Schellings haben Kernell so tief beeindruckt, dass er begeisterte Briefe nach Schweden schrieb", erzählt Gunnar Och. Aber auch umgekehrt wurden die Horizonte erweitert. Der Erlanger Gelehrtenkreis um Schelling und Platen zeigte großes Interesse an der schwedischen Literatur und ihren Persönlichkeiten – bei August von Platen ging die Begeisterung sogar so weit, dass er anfing, von Kernell unterrichtet, Schwedisch zu lernen.

Beeinträchtigt wurde der literarische Austausch in dem um einen schwedischen Dichter erweiterten Erlanger Zirkel lediglich durch die nicht ausgeheilte Krankheit Kernells. Nach dem Ende der Schelling-Vorlesungen verabschiedete er sich vorübergehend aus Erlangen, um in Bad Ems eine Kur anzutreten. Seine Hoffnung auf Heilung trog aber auch diesmal und er kehrte unverrichteter Dinge nach Erlangen zurück. Ein letzter Höhepunkt seines Aufenthaltes war ein Abend bei Schellings, wo August von Platen vor einen 20-köpfigen Auditorium sein Märchendrama *Der gläserne Pantoffel* vortrug. Doch schon wenige Tage später sagte ihm sein Arzt, dass er das Haus nach Sonnenuntergang nicht mehr verlassen dürfe, was ihn, der die abendlichen Zerstreuungen bei Schelling und den Erlanger Freunden sehr vermisste, sehr traf. Zeitweise war es jetzt nur noch August von Platen, der ihm

in seinem Zimmer im Gasthof „Zum Walfisch“ – in der heutigen Calvin-Straße – Gesellschaft leistete.
Als ihm Anfang Februar 1824 sein Arzt eröffnete, dass er nur noch vier Wochen zu leben habe, ernannte er den Platen-Freund Veit Engelhardt zu seinem Nachlassverwalter – dieser und Platen bezogen nun einen Nebenraum im Gasthof, um dem Todkranken nahe zu sein. „In seiner Todesstunde lehnte er geistlichen Beistand ab mit der Begründung, dass dies eine Sache allein zwischen ihm und Gott sei“, erzählt Gunnar Och unter Berufung auf Monika Franz’ Aufsatz. Nur Engelhardt und Platen blieben an seiner Seite. Sein Tod am 30. März 1824 nahm ihm auch die Gelegenheit, noch einmal das Häuschen am Burgberg aufzusuchen, in dem er sich mit Platen und dessen Freunden gelegentlich getroffen hatte – heute bekannt als Platen-Häuschen.

Obwohl er nicht offizielles Mitglied der Erlanger Studentenschaft war, erhielt Per Ulrik Kernell ein offizielles Begräbnis mit allen studentischen Ehren. Daran nahmen auch einige Professoren und viele Studenten teil. Diese kamen in den Genuss des bereits gedruckt vorliegenden und bei der Beerdigung verteilten Platen´schen Abgesangs, von dem Gunnar Och sagt, es sei „auch ein Ausfluss von Poeteneitelkeit“. Doch sei diese „nicht ganz unberechtigt, da ein durchaus eigener Ton angeschlagen und das melancholische ‚zu früh‘ mit Anspielungen auf den nahen Frühling wirkungsvoll untermalt wird.“
Platens neun Verse umfassendes Gedicht beginnt mit den Worten: „Den ein allzu früh Ermatten/Um der Jugend Rest betrogen,/Lasset uns den Freund bestatten,/Den wir, wenn auch fern erzogen,/Lieb wie einen Bruder hatten.“

Peter Millian

So geht’s zum Literatengrab:

Das Kernell-Grab befindet sich auf dem Neustädter Friedhof in der Äußeren Brucker Straße 26, in der ersten Grabreihe hinter der Sandsteinmauer zur Straße hin.

33

Wasserturm-Ausleger

Sorgen für die Nachbarn

Er sieht hübsch aus, der kleine Ausleger, der am Karzer in den knallblauen Himmel ragt. Im Gegenlicht zeichnet sich die Silhouette eines Turmes ab, der von einer kleinen Fahne bekrönt wird. Wenn jemand weiß, was es damit auf sich hat, dann ist es Bernd Nürmberger, seines Zeichens wandelndes Stadtlexikon. Denn er hat über ebenjenen Turm – also nicht den Ausleger, sondern das Original – ein Buch geschrieben und vor allem weiß er, wie der Ausleger an Ort und Stelle kam: „Er ist einer Zeichnung des markgräflichen Baumeisters Wenzel Partner nachempfunden, die sich im Staatsarchiv Bamberg befindet. Nach dieser Vorlage gestaltete 1988 der bekannte Erlanger Künstler Bernhard Rein den Ausleger, den wir an der damaligen Gaststätte Karzer anbrachten", sagt er. „Wir", das ist der Arbeitskreis Innenstadt des Heimat- und Geschichtsvereins, der sich auch für die Sanierung des „Karzers" stark machte. Und der Karzer wiederum ist das Überbleibsel des Turms, sozusagen die untersten Stockwerke. „Damit sichtbar wird, wie der ganze Turm einmal aussah, haben wir den Ausleger an der Fassade befestigt", erklärt Nürmberger.

Der Turm war einst als Wasserturm für den Betrieb der Wasserspiele im Schlossgarten erbaut worden. „Weil der Erlanger Schlossgarten auf sehr sandigem und trockenem Boden angelegt worden war, musste eine Bewässerung her", erklärt Bernd Nürmberger. Der Justizrat Rudel notierte dazu in seiner Chronik, dass im August 1705 „ein Wasserhauß, und in der Stadt in einer Ecke unseres Schloßgartens, ein hoher Thurm angelegt, und zu bauen angefangen", worden sei, „damit das Wasser vermittelst angelegter Räder und Maschinen und bleyerner Röhren… von dem Wasserhauße an, durch die Stadt bis auf den Thurm… könne getrieben und wiederum hinunter geleitet werden." Gedacht, getan: Das Wasser wurde von der Sophienmühle in den markgräflichen Wasserturm gepumpt und in den Wasserbehältern, die sich in den oberen drei Stockwerken des sechsgeschossigen Baus

Der Ausleger am einstigen Wasserturm.

befanden, aufbewahrt. „Von hier aus wurde das Wasser dann bei Bedarf an die Wasserspiele im Schlossgarten abgegeben“, erzählt Nürmberger.

Die unteren beiden Stockwerke, ebenjene, die heute noch erhalten sind, bestanden aus massiven Quadersteinen. In den oberen drei Stockwerken waren Wasserbassins eingesetzt. „Ursprünglich bestanden diese oberen Geschosse nur aus Balkenwerk“, sagt Nürmberger. „Sie waren also Wind und Wetter ausgesetzt, vier Jahre lang.“ Dann wurden die oberen Geschosse zugemauert und die Bassins waren künftig geschützt. Im zweiten Stock wohnte der Turmwärter, der, im Erdgeschoss, auch ein eigenes stilles Örtchen hatte, das damals noch mit dem hübschen Namen „Ställein, worin nun auch das Secret gemachet“ bezeichnet wurde.

Der Bau des Wasserturms – und auch die Existenz desselben – kam bei den Nachbarn aber nicht unbedingt gut an. „Der Wasserturm wurde offensichtlich auf einem Platz erbaut, der ursprünglich für ein Bürgerhaus bestimmt war“, sagt Nürmberger. „Das können wir einem Brief des Hofschlossers Heinrich Wilhelm Müller vom 21. August 1721 an die markgräfliche Regierung in Bayreuth entnehmen.“ Darin beklagt der Mann, ihm sei nicht nur sein Bauplatz weggenommen worden, sondern man habe auch noch die Kanäle und Wasserröhren zum Brunnen und Wasserwerk „durch seine ohnehin nur etliche Schuh tiefe und ganz schmale Hofraith und Hauß, gegen den Hofgarten zu geleget und geleitet.“ Als der Turm dann stand, gab es wiederum jede Menge Klagen: 1722 beschwerten sich die Anwohner zum Beispiel über den „nechst an unsern Häussern befindlichen baufälligen Wasserthurm“, weil „wegen des darauf stetigst befindlichen Wassers das Holzwerck sehr verfaulet und sich dahero solcher schon über 1 Werck Schue auf unser gegen die Altstadt zu allernechst daran gelegene Wohnhäußer gesenket habe.“

Es entbrannte ein Streit mit der zuständigen markgräflichen Regierung in Bayreuth hinsichtlich einer Sanierung, die von selbiger allerdings nichts wissen wollte und meinte, man könne die Ausbesserung des Wasserturms mit „geschmeidigeren“ Kosten bestreiten, was dann zum „gnädigsten Wohlgefallen“ gereiche.

Baumeister Wenzel Perner wurde nicht müde zu warnen, dass eine Sanierung gar gefährlich sei und musste sich von den Sanierungsbefürwortern den Vorwurf gefallen lassen, dass er aus einem Neubau persönliche Vorteile ziehe.
Es wurde also ausgebessert, immer und immer wieder. „Die undichten Wasserbehälter im vierten und fünften Stock dürften die Hauptursache dafür gewesen sein, dass der Wasserturm ständig repariert werden musste", sagt Nürmberger.
Doch der Zustand verschlechterte sich zusehends und in den 1760er-Jahren brach die Wasserversorgung im Schlossgarten vorläufig zusammen. 1818 erbte die Uni das Schloss und den Schlossgarten aus dem Besitz der Markgräfinwitwe Sophie Caroline und übernahm auch den Wasserturm und das Druckwerk. Allein: die Probleme nahmen nicht ab: „Aus dem Jahr 1837 wissen wir, dass der Wassermangel so groß war, dass alle Pflanzen im botanischen Garten eingingen, auch das an den Wasserturm angeschlossene Krankenhaus klagte über die schlechte Wasserqualität", sagt Bernd Nürmberger. „Irgendwann kam buchstäblich nur noch Schlamm aus den Leitungen und das Wasser wurde ausschließlich zur Bewässerung des Botanischen Gartens verwendet." Am 28. März 1867 empfahl die Stadtkommission dann endgültig, den Wasserturm aufzugeben, 1879 wurde an anderer Stelle ein neues Wasserwerk gebaut und die oberen Stockwerke des Turms – samt dem kleinen Glockenturm am Giebel – abgetragen. Die Reste wurden als Karzer genutzt. Doch das ist eine andere Geschichte, die wir bereits auf Seite 93 erzählt haben.

Eva-Maria Bast

So geht's zum Wasserturm-Ausleger:

Er ragt aus der Fassade des Hauses in der Apfelstraße 12.

G · F · H
1798

Breze

Steinbackwaren an der Hauswand

Sie sieht schon ziemlich lecker aus, die steinerne Breze, die in dem Gebäude gegenüber der Kirche St. Peter und Paul, hoch oben an der Fassade in die Wand eingelassen ist. Aber würde man in dieses Backwerk beißen, ginge man, je nach Vehemenz, vermutlich seiner Zähne verlustig. Doch die Breze ist ja nicht für den Verzehr, sondern für die Ewigkeit gedacht und daher in Stein gemeißelt: Der Bäckermeister, der hier tätig war, hatte einen guten Grund, sie an seiner Hauswand anzubringen. Denn damit verkündete er nicht nur, dass man die Brezen hier käuflich erwerben konnte, sondern auch, dass er das „Backfeuerrecht" besaß, das ihn dazu berechtigte, in seinem Haus zu backen. Alle Häuser, die diese Genehmigung hatten, waren mit ebenjenen Brezen an der Hauswand gekennzeichnet. In Erlangen waren das zum Beispiel die Gebäude Friedrichstr. 12, Goethestr. 31 und Hauptstr. 114.

Und eine Bäckerei war in dem Haus, das im Jahr 1390 als Gut erstmals erwähnt wurde, genau 410 Jahre, von 1548 bis 1958, untergebracht. Im Dreißigjährigen Krieg brannte das Gebäude ab, wurde anschließend wieder aufgebaut und erlebte die Zeit, als hier ab 1746 das Wirtshaus „Goldener Brunnen" beheimatet war. Aber erst 1798, als der Giebel neu gestaltet wurde, kam die steinerne Breze an Ort und Stelle.

Zwar sei früher in den privaten Haushalten viel mehr gebacken worden als heute. Dennoch habe das Bäckerhandwerk damals zu den wichtigsten Gewerben gezählt, ist dem *Stadtlexikon* zu entnehmen. Die Backwaren wurden schon ab 1398 auf sogenannten Brotbänken im Rathaus verkauft. Fünf Bäcker gab es bei Ausbruch des Dreißigjährigen Kriegs in Erlangen, um 1700 sind in der Neustadt „vier dt. und wenigstens drei franz. Bäcker" genannt, und bis 1751 stieg die Zahl auf insgesamt 27. Häufig waren die Bäckereien, wie auch im Fall des Hauses mit der Breze am Giebel, mit Melbereien verbunden, in denen

Die Breze verkündete, dass der Besitzer dieses Hauses das „Backfeuerrecht" hatte.

Mühlenerzeugnisse wie Grieß, Ulmer Gerste, Hirse, Erbsen, Linsen, Hafergrütze, Senfkörner, Salz, Leinöl, Butter und Eier zum Verkauf angeboten wurden. Im Grunde handelte es sich also um einen kleinen Tante-Emma-Laden. Melbereien mussten dem markgräflichen Edikt von 1728 zufolge allerdings staatlich zugelassen sein. „Nach Einführung der Gewerbefreiheit 1868 in Bayern starb der Beruf (der Melber) langsam aus", steht im *Stadtlexikon*. Auch für die Bäcker bedeutete die Einführung der Gewerbefreiheit eine Änderung: Seit dem Jahr 1699 waren sie in einer Zunft zusammengeschlossen, nun löste sich diese auf.

Bäcker war in Erlangen aber nicht gleich Bäcker und sie buken auch mitnichten alle Brezen, sondern unterteilten sich in Schwarz- und Weißbäcker, Lebküchner und Zuckerbäcker.

Heute gibt es in den meisten Bäckereien alles: Brezen, helles und dunkles Gebäck, Torten, Kuchen und im Advent auch Lebkuchen. Jede Menge backfrische Alternativen, sodass sich niemand an einer steinernen Breze die Zähne ausbeißen muss.

Eva-Maria Bast

So geht's zur Breze:

Sie hängt im Stadtteil Bruck gegenüber der Kirche St. Peter und Paul, am Giebel des Gebäudes in der Fürther Straße 37. Direkt vor dem Haus befindet sich die Bushaltestelle.

Der Kaiser grüßt von der Fassade.

35

Kaiser-Oval

Trinkgenuss mit Preußen-Begeisterung

Natürlich ist es Unfug, annehmen zu wollen, der einstige Kaiser-Wilhelm-Platz, der heutige Lorlebergplatz, sei nach der an seiner Ostecke angesiedelten Gastwirtschaft „Kaiser Wilhelm" benannt worden. Umgekehrt wird ein Schuh daraus, würde man heute sagen. Nur: Während der Kaiser-Wilhelm-Platz längst nicht mehr so heißt, hat die Gastwirtschaft unter diesem Namen überlebt und ist der letzte Hinweis darauf, dass Erlangen nach dem gewonnenen deutsch-französischen Krieg 1870/71 „in eine regelrechte Preußen-Euphorie verfallen ist", wie es Stadtarchivar Andreas Jakob ausdrückt. Tatsächlich haben die Wirte im Anwesen Fichtestraße 2 bereits 1892 eine Gaststättenkonzession unter dem Namen „Kaiser Wilhelm" beantragt. Der Ort war gut gewählt. Der in Erlangen einzigartige, kreisrunde Platz galt damals als „erster architektonisch gestalteter Platz", sagt Jakob. Die mehrstöckigen Häuser aus unverputzten Backsteinen wirken wie aus einem Guss gebaut. Das mitten auf dem Platz liegende Rondell erhielt aber erst 1897 offiziell den Namen „Kaiser-Wilhelm-Platz“, wie es das *Stadtlexikon* verrät. Damit spiegelt es das unstillbare Verlangen der Erlanger nach nationaler Identität wider. Ein Verlangen, das erst recht nach dem Tod Kaiser Wilhelm I. (1797-1888) nach Ausdruck dürstete. „Ein Kaiser-Denkmal sollte her“, erzählt der Stadtarchivar, schließlich hatte ein weniger bedeutsamer Ort, der Markt Wirsberg im Frankenwald, das erste Kaiser-Denkmal in Bayern. Ein im Todesjahr Wilhelms gegründetes „Comité für die Errichtung eines Kaiserdenkmals“ vereinte denn auch alle wichtigen Honoratioren, die den Bau aus Spendenmitteln ermöglichen wollten.

„Dass die Wahl des Standorts für ein Denkmal auf das im Schnittpunkt Universitäts-, Bismarck- und Fichtestraße gelegene Rondell fiel, war natürlich kein Zufall“, wie Jakob erzählt. Durch die bewusste Gestaltung mit sehr „städtischen“, also fünf Geschosse umfassenden Häusern nach französischem Vorbild, war der Platz auch mit seiner Nähe zu den am östlichen Stadtrand liegenden Kasernen für den Zweck bestens geeignet. Die Mittel für deren Bau stammten zudem überwiegend aus den Reparationsleistungen Frankreichs aus dem gegen Deutschland verlorenen Krieg. Ausreichend „Repräsentanz“ erhielt der Platz durch seinen auf einer Industrieausstellung in Nürnberg erworbenen elf Meter hohen schwarzen Obelisk, der, mit der Universitätsstraße als Sichtachse, bereits vom Bahnhof aus erspäht werden konnte.

Stadtarchivar Andreas Jakob hat sich zu Kaiser Wilhelm gesellt.

Geschmückt war der Obelisk seitlich mit Bronzemedaillons. Auf dem größten war das Brustbild des Kaisers zu sehen, auf den anderen befanden sich die Porträts von Kaiser Friedrich III. (1831-1888) und des bayerischen Königs Ludwig II. (1845-1886) sowie ein Doppelbildnis des in breiten Bevölkerungskreisen beliebten Generalfeldmarschalls Graf Helmuth von Moltke (1800-1891) und des „Reichsgründers“ Fürst Otto von Bismarck (1815-1898).

„Die Grundsteinlegung am 22. März geriet - darf man den Zeitungsberichten glauben – zu einem rechten Spektakel“, so Andreas Jakob, „da wurde auch schnell vergessen, dass man mit einem Kaiser-Denkmal nicht die erste Stadt in Bayern war.“

Denkwürdig: Auch wenn das Kaiserdenkmal das Ergebnis eines erfolgreich bestandenen Waffengangs – mit Frankreich – war, wurde sein Bronzeschmuck Opfer eines späteren Kriegs: 1942 fielen die Medaillons einer, wie es offiziell hieß, „Metallmobilisierung in der öffentlichen Verwaltung“ zum Opfer, die einst Verehrten wurden also eingeschmolzen und zum weiteren Waffenbau verwendet.

Bereits 1946 wurde der im Volksmund spöttisch als „Zahnstocher“ bezeichnete Obelisk zur „Stadtbildverschönerung“ abgerissen. Bis auf einen alljährlichen Weihnachtsbaum schmückte die Rondellmitte lange Zeit nichts. „Auf Initiative von Kunstfreunden in der Stadt sollte eine vom Künstler Herbert Martius künstlerisch gestaltete Säule den Obelisken ersetzen“, so erinnert sich Jakob, „der Stadtrat hat das Vorhaben aber mit knapper Mehrheit abgelehnt“. Sehr zum Ärger der Kunstfreunde, die 2005 die erwünschte „Martius-Säule“ an der Nürnberger Straße 3 aufstellten. Unbeschadet von all diese Wendungen blieb jedoch eine andere, immer noch beliebte Institution: die Gastwirtschaft „Kaiser Wilhelm“.

Peter Millian

So geht's zum Kaiser-Oval:

Es ist am Gebäude Fichtestraße 2 befestigt.

Ananas

Prachtstück mit zwei Damen

Etwas schwarz geworden ist sie schon, die Ananas auf dem Marktplatz. Patina hat sie angesetzt, aber das ist ja auch kein Wunder. Nach all den Jahren. Genauer gesagt seit dem 18. September 1889. Noch immer ziert die exotische Südfrucht wie ein krönender Abschluss das aus allen Nähten zu platzen scheinende Füllhorn der *Erlangia*, in dem Kirschen, Äpfel, Birnen, Orangen, Zitronen oder Melonen kunstvoll arrangiert sind. Also all das, was heutzutage an den Marktständen rundherum feilgeboten wird. Wer sich etwa an einem Samstagvormittag ins Marktgetümmel wirft, um seine Wochenendeinkäufe zu erledigen, hat dann freilich meist nur Augen für die knackigfrischen Köstlichkeiten und würdigt die Ananas keines Blickes. Trifft Freunde und Bekannte, hält ein Schwätzchen, plaudert mit den Marktleuten. Während hinter ihm der Paulibrunnen leise und unablässig plätschert, das Wasser filigran aus Löwenköpfen und muschelartigen Schalen perlt. „Man beachtet ihn nicht immer", sagt Dr. Ingrid Moor. Sie tritt an den Brunnen heran und blickt zu ihm hoch. „Er verdient etwas mehr Aufmerksamkeit." Eine Stadtführerin ist Ingrid Moor nicht, vielmehr ist sie darauf spezialisiert, Erwachsenen und Kindern Kunst und Stadtgeschichte zu vermitteln, vor allem in Museen. Ein Kunstworkshop war es dann auch, der sie dazu führte, sich mit dem Paulibrunnen näher zu beschäftigen. Die Kunsthistorikerin erkannte: „Er steckt voller Überraschungen, voller Geheimnisse, obwohl jeder glaubt, ihn zu kennen."

Das Prachtstück misst zirka 14 Meter im Durchmesser, ragt rund sechs Meter in die Höhe – und es gilt als wenig erforscht, erzählt Moor. Sicher ist, dass ab 1878 finanzielle Mittel der Pauli-Stiftung bereitstanden, um auf dem Marktplatz einen repräsentativen Brunnen zu errichten. Der Fabrikant Friedrich Salomon Pauli (1798-1862) handelte erfolgreich mit Schnittwaren und hinterließ ein Vermögen. Da er kinderlos war, ging sein Vermächtnis an die Stadt; geplant war, mit den

Ingrid Moor weiß vom Paulibrunnen viel Überraschendes zu berichten.

Geldern unter anderem Waisenkinder zu unterstützen. „Vom Verkauf des nahegelegenen Wohnhauses der Paulis sollte ein Trinkwasserbrunnen gebaut werden", fährt die Museumspädagogin fort.

Den ersten Entwurf für den Brunnen gestaltete im Auftrag der städtischen Gremien der Direktor der Nürnberger Kunstgewerbeschule Adolf Gnauth (1840-1884). Begeisterungsstürme erntete er dafür nicht: Der Entwurf wurde von einflussreichen Stadtbürgern stark kritisiert. Und damit abgelehnt, weshalb schließlich Friedrich Wanderer (1840-1910) aus Nürnberg zum Zuge kam, der seinen eigenen Entwurf mit einem Modelleur, einem Bildhauer, einem Erzgießer und einem Steinmetz umsetzte und ein Werk aus Granit, Muschelkalk und Bronze schuf.

Eine Ananas krönt das reichbestückte Füllhorn der Allegorie namens Erlangia.

„Der Brunnen ist im Stil der Spätrenaissance entworfen. Das erkennt man an antikisierenden Elementen wie zum Beispiel den Gewändern der Statuen oder an den mythologischen Figuren", erläutert Ingrid Moor. Gleich zweimal ist der Meeresgott Triton verewigt, zweimal tauchen auch Meeresnymphen auf, sogenannte Nereiden. „Die Figuren, die das Wasser aus den kleinen seitlichen Brunnen speien, sind Faune", vervollständigt die Kunstvermittlerin ihre Schilderung.

Die den Brunnen dominierenden Wesen sind zwei allegorische Figuren. Während die auf der Südseite ruhende *Alma Mater* die Wissenschaft repräsentiert, vertritt ihr nördliches Pendant, die *Erlangia*, die heimische Industrie und das Gewerbe. „Die beiden halte ich für das eigentlich Spannende, auf ihnen beruht das Selbstverständnis der Stadt", sagt Ingrid Moor. „Ausgehend von der Strumpfwirkerei entwickelte sich die Industrie, deren Attribute die *Erlangia* bei sich hat: Spinnrocken und Zahnrad." Moor läuft um den halben Brunnen herum und erklimmt die Stufen zur Alma Mater, der Personifikation der Universität. „Sie vertritt die vier damals bestehenden Fakultäten, trägt eine Schriftrolle und einen dicken Folianten als Zeichen für die Gelehrsamkeit." Ingrid Moor freut sich jedenfalls, dass der Paulibrunnen die „Kontinuität der Stadtentwicklung" verkörpere.

Wohlstand und Reichtum – dafür stand die Ananas einst symbolisch. Ihr Anbau in den Gewächshäusern der Adeligen war kostspielig, die Frucht teuer. Ihre Entwicklung von der Luxusfrucht zum rund ums Jahr und für jeden erhältlichen Massenartikel, gerade auch in der Dose, war nur eine Frage der Zeit.

Die Stufen des Brunnens sind heute ein beliebter Platz zum Verweilen. Kinder toben herum, Jugendliche kichern miteinander, Passanten gönnen sich im Sommer eine Auszeit und lassen sich von der Sonne verwöhnen. Warum wohl? Ganz sicher, weil der Weg zur nächsten Ananas nicht weit ist.

Ilona Hörath

So geht's zur Ananas:

Der Paulibrunnen steht mitten auf dem Marktplatz, gleich nebenan liegen das Palais Stutterheim und das markgräfliche Schloss. Die Ananas ragt ganz oben aus dem Füllhorn der Erlangia heraus.

37

Brückkanal

Halbe Sachen in der Wildnis

Der Dschungel scheint undurchdringlich, Bäume strecken sich gen Himmel, überall hat sich Efeu breitgemacht. Und mittendrin eine halbe Brücke, die über den Röthelheimbach führt. Eine halbe Brücke gibt es nicht und schon gar nicht kann eine solche über einen Fluss oder Bach führen. Der Brückkanal schon. Auch wenn er nur eine Seite hat. Die andere Seite ist weg. Dort, wo sie die Brücke vervollständigen würde, parken Autos. Das hört sich seltsam an. Entweder ist eine Brücke zum Überqueren da oder man parkt auf einem Parkplatz. Doch es kommt noch merkwürdiger. „Der Brückkanal diente dazu, den Ludwig-Donau-Main-Kanal über den Röthelheimbach zu führen", bringt Thomas Engelhardt Licht ins Dunkel dieser verworrenen Lage. Will heißen: Eine Brücke für einen Kanal. Würde das Wasser des Ludwig-Donau-Main-Kanals jetzt noch über die Brücke fließen, wäre Thomas Engelhard pitschnass: „Wir stünden direkt im Flussbett. Zum Glück ist es jetzt aufgefüllt", scherzt er und malt das Bild weiter: „An der Stelle, an der die Autos parken, sind einst Schiffe gefahren." Es sei wirklich seltsam, meint Engelhardt, dass diese eine massive Sandstein-Brückenseite erhalten geblieben ist.

Zum ersten Mal habe er den Brückkanal bewusst wahrgenommen, als er eine Stadtführung zur Geschichte der Erba-Siedlung, in der die Arbeiter aus der nahe gelegenen alten Spinnereifabrik wohnten, leitete. „Anfangs dachte ich, das sei die ehemalige Brücke der alten Landstraße nach Bruck", erinnert sich Engelhardt. Weil er leidenschaftlich gerne neues Altes entdeckt, forschte er los. Er wusste, dass der Ludwig-Donau-Main-Kanal im Erlanger Bereich 1846 eingeweiht wurde, davon kündet das Kanaldenkmal (siehe Geheimnis 47). Ein Teil des Kanals ist also die Kanalbrücke.

Spontan setzt Thomas Engelhardt sich auf die Brüstung und erklärt, dass das Viertel um den Brückkanal herum einst das erste

Thomas Engelhardt hat inmitten eines kleinen Dschungels die alte Brücke entdeckt.

Industriegebiet Erlangens gewesen sei, gelegen vor den Toren der Stadt. Mit einem seit 1858 arbeitendem Gaswerk, einer mechanischen Baumwollspinnerei seit 1863 und einer modernen Ringofenziegelei, in der bis etwa 1870 unter anderem Backsteine hergestellt wurden. Gleich nebenan lag ein Umschlaghafen, der Erlanger Kanalhafen. „Der Transport mit dem Kanalschiff lohnte sich vor allem für Güter, die lange unterwegs sein durften, also zum Beispiel für Ziegelsteine, Holz und Kohle. Später war auch das nicht mehr rentabel", sagt Engelhardt. Entlang der Strecke Nürnberg–Bamberg hatte ja bereits 1844 das Eisenbahnzeitalter begonnen.

Die Brücke mit ihren grob behauenen Buckelquadern habe schon etwas Trutziges, findet der Erlanger. Weshalb der Brückkanal auf diesem kleinen Fleckchen Wildnis nur noch eine Seite hat, weiß Thomas Engelhardt ohne Umschweife zu erklären. „Um 1970 wurde die Autobahn A 73 gebaut, man brauchte dafür auch einen Damm." Dort, wo also einmal das zweite Geländer den Brückkanal komplettierte und wo der Röthelheimbach wieder ans Licht trat, über den sich die Kanalbrücke spannt, beginnt eine Böschung. Sie führt hoch zur Münchener Straße, die in diesem Bereich parallel zur Autobahn verläuft. Der Brückkanal – trotzt allen Zeiten – auch ohne seine bessere Hälfte.

Ilona Hörath

So geht's zum Brückkanal:

Der Brückkanal befindet sich auf Höhe des ehemaligen Verwaltungsgebäudes der ERBA AG in der Äußeren Brucker Straße 51, direkt gegenüber und etwas nach hinten versetzt.

Bernd Nürmberger vor dem einstigen Zollhäuschen.

38

Zollhäuschen

Am Tor wurde abgerechnet

Das muss man sich mal vorstellen: Dass man, will man eine Stadt besuchen, erst einmal zahlen muss, um hineinzudürfen. Klingt heute unvorstellbar, war aber bis ins 18. Jahrhundert ganz normal. Und es gibt auch noch etwas, das an diese Prozedur erinnert: „In diesem kleinen, schmalen Haus befand sich von 1710 bis 1757 die Pflasterzolleinnahmestation", sagt Bernd Nürmberger, als er vor dem Gebäude Hauptstraße 69 steht. „Hier stand auch das Tor zwischen Alt-und Neustadt, die waren ja bis 1812 getrennt. Dieses Tor hatte sich bis 1710 noch auf Höhe des Gebäudes Hauptstraße 46 befunden und wurde dann vor das schmale Haus mit der Nummer 69 verlegt, da hier die Grenze zwischen Altstadt und Neustadt verlief." Wer von außerhalb kam und durch dieses Tor hindurch wollte, musste erst einmal Zoll bezahlen – allerdings auch dann noch, als das Tor 1730 wieder abgebrochen wurde.

Die Erhebung von Pflasterzoll war nichts Außergewöhnliches: Er wurde von den Kommunen dafür verlangt, dass Auswärtige die gepflasterten Straßen der Stadt oder der Gemeinde mitbenutzen durften. Die Zollerlöse wurden dann auch genau für diesen Zweck eingesetzt: Sanierung von Straßen, Bau von Brücken. Das Recht, Pflasterzoll zu erheben, fußte auf einem Privileg, das König Wenzel (1361-1419) Franken im Jahr 1398 verliehen hatte und das es den Kommunen gestattete „von durchfahrenden Wagen 2 Pfennige und von Karren 1 Pfennig zu erheben; später wurde auch vom Brennholz ein ‚Abwurfscheit' einbehalten", wie das *Stadtlexikon* schreibt.

In diesem Gebäude mussten Besucher einst Pflasterzoll zahlen.

Erhoben wurde der Zoll freilich nicht nur an dem Haus in der Hauptstraße 69, denn Erlangen hatte nicht nur ein, sondern sechs Tore: „Wir hatten hier zwei Haupttore, nämlich das Nürnberger Tor im Süden und das Bayreuther Tor im Norden, außerdem gab es vier Nebentore", erzählt Nürmberger weiter.

Und an jedem dieser Tore war Zoll zu entrichten. Die Häuser, in denen der Zoll eingezogen wurde, wurden „Examinatorenhäuser" genannt. Die dort arbeitenden Mitarbeiter hatten auch die Aufgabe, die Waren der Fremden zu kontrollieren, Bettler abzuweisen und die Namen derjenigen, die die Stadt besuchten, zu notieren. „Außerdem waren sie dafür zuständig, die Tore zu gegebener Zeit zu verschließen", sagt Bernd Nürmberger. Verschlossen blieben die Tore im 18. Jahrhundert von November bis März zwischen 22 Uhr und 5 Uhr und im Sommer von 22 Uhr bis 4 Uhr. Feiertags war von 9 Uhr bis 11 Uhr zu und außerdem, wenn Gottesdienst gefeiert wurde. „Wer trotzdem passieren wollte, musste – von bestimmten Ausnahmefällen abgesehen – Sperrgeld bezahlen, das in die Armenhauskasse floss“, ist im *Stadtlexikon* zu lesen.

„Wir hatten hier zwei Haupttore, nämlich das Nürnberger Tor im Süden und das Bayreuther Tor im Norden, außerdem gab es vier Nebentore.“

Mit dem zunehmenden Verkehr erwiesen sich die Stadttore und Stadtmauern aber immer mehr als Hindernis und wurden in der zweiten Hälfte des 19. Jahrhunderts wie in vielen anderen Städten auch in Erlangen geschleift, das Holztor an der Grenze zwischen Alt- und Neustadt stand sogar nur bis 1730. Auch die anderen Tore wurden nach und nach abgebrochen, nur das Nürnberger Tor blieb bis 1945 stehen.

Immer mehr verzichtete man nun auch auf die Zollerhebung: Die Fahrer waren genervt, wenn sie durch viele kleinere Ortschaften kamen und immer wieder warten mussten, bis sie ihren Zoll bei dem oftmals nicht anwesenden Mitarbeiter zahlen konnten.

Nun war das schmale Häuschen also seiner Funktion beraubt, das Tor hatte man ihm ja auch schon längst genommen, ein wenig einsam war es um das kleine Gebäude geworden. Bis es vor Jahrzehnten einen rührigen Nachbarn bekam: Bernd Nürmberger, der einige Häuser weiter seine Apotheke betreibt und nicht nur die Geschichte des ehemaligen Examinatorenhauses recherchiert hat, sondern dann und wann auch mal an dem Häuschen vorbeispaziert. Einfach nur so, um es zu betrachten.

Eva-Maria Bast

So geht's zum Zollhäuschen:

Es steht in der Hauptstraße 69.

Stollenausgang

Verliebt im Bauch der Erde

Als im Jahr 1999, kurz vor Beginn der sehnlichst erwarteten Bergkirchweih zu Pfingsten, die Erde über dem Hofbräu-Keller nachgab und eine ganze Sitzgruppe im Untergrund verschwand, „war das ein richtiger Schock für mich“, sagt Fritz Engelhardt, Kellerwirt am Erlanger Burgberg. Nun konnte jeder Laie ahnen, dass auf der Südseite des Erlanger Burgbergs, also dem Gelände der Bierkeller und damit der Kirchweih, die Hohlwelt-Theorie gilt: An der Kellerstraße, die zur Bergkirchweih für zwölf Tage im Jahr zu einem einzigen durchgehenden Bierkeller wird, haben die ehemals 16 Erlanger Brauereien aus dem einstmals einigermaßen stabilen Sandstein ein fragiles Gebilde gemacht, das mit Bedacht genutzt sein will. Und, was selbst nur wenige Erlanger wissen: Es gibt sogar einen Stollen, der über lange 430 Meter bis auf die Nordseite des Burgbergs reicht. Dieser lange Stollen existiert bis heute, doch sein ursprünglicher Ausgang wurde Ende des Zweiten Weltkriegs durch eine amerikanische Sprengladung verschüttet. Zu sehen ist nur noch die von einem Metallkäfig geschützte Abdeckung des senkrecht verlaufenden Lüftungsschachtes, der zum Stollen führt. Der Schacht selbst ist gut abgedeckt und bewahrt den darunter liegenden Felsengang vor Wind und Wetter, oder gar davor, als Abfalleimer missbraucht zu werden. „Von der Existenz dieses Stollens haben wir zwar immer gewusst“, so Kellerwirt Friedrich Engelhardt, „aber wiederentdeckt wurde er erst viel später.“

Begonnen hatte alles bereits im Jahr 1686, als ein gewisser „Maelser und Biersieder Heinrich Windisch“ – so erfährt man es von einer Inschrift in einem Sandstein – den ersten Keller „hat hauen lassen“, um in dessen kühlem Gewölbe das Fassbier zu lagern. Friedrich Engelhardt, den alle nur Fritz nennen, und sein mittlerweile die Geschäfte führender Sohn Vincent Schiller sind nach vielen Generationen die aktuellen Herren auf dem

Friedrich Engelhardt stütz sich auf den sichtbaren Teil des Stollenausgangs.

„Entla´s“. Dieser Keller ist der einzige auf dem Burgberg, der den ganzen Sommer über bewirtschaftet ist.

Engelhardts Großvater hatte schon 1902 seiner Tante Babette Pfahler den Keller abgekauft und sich den Spott der Verwandten und Bekannten zugezogen, besaß er doch vorher eine florierende Gastwirtschaft in der Stadt. Fritz Engelhardt trat in die Fußstapfen seines Großvaters und Vaters, ebenfalls Kellerwirt, und beschäftigte sich ausführlich mit der Kellergeschichte. Er hatte nämlich ab 1980 damit begonnen, die bereits im Jahr 1900 „vergessenen“ Keller wiederzuentdecken. Diese hatte die Einführung der Kältemaschine von Carl von Linde (1842-1934) im Jahr 1876 nach und nach alle überflüssig gemacht. Als im Jahr 1900 der letzte Keller schloss, schien nämlich das Schicksal des ausgeklügelten Stollensystems endgültig besiegelt, zumal sich durch den Bodendruck die Kellergewölbe verschlossen und die Natur das Gelände zurückeroberte.

Aber schon Vater Heinrich und anschließend sein Sohn Fritz begannen mit der Sanierung des Eingangsstollens des Entla's Keller. 1984 schließlich hatten es die Engelhardts geschafft, rund 30 Prozent der Kellerfläche zurückzugewinnen. Schließlich reifte der Entschluss, den ganzen Keller nach und nach wieder nutzbar zu machen. Heute sind – seinem Beispiel folgend – fast alle Keller wieder abschnittsweise begehbar und werden von den jeweiligen Wirten während der Bergkirchweih als preiswerte Kühlräume für Lebensmittel und Stauraum für Bierfässer genutzt.

Der größte Keller, der Keller der Henninger-Brauerei, ist auch jener unterirdische Abschnitt, von dem aus man 1884 in 15-monatiger Bauzeit den längsten Stollen bis zur Nordseite des Berges trieb. Dort nämlich befinden sich die Rudelsweiher, in denen die Brauereiarbeiter in kalten Wintern Eis brachen und dieses in den nahen Stolleneingang schafften. Durch die natürliche Neigung des Stollens nach Süden rutschte das Eis wie auf einer Rampe zu den damals noch genutzten Kavernen und sorgten für dauerhafte und verlässliche Kühlung den ganzen Sommer über. Engelhardt erinnert sich noch daran, dass sein Vater mit von Pferdefuhrwerken geliefertem Eis versorgt wurde. „Für uns Kinder war dessen Ankunft immer ein großes Erlebnis", sagt Fritz Engelhardt.

Da der bis heute existierende lange Stollen nicht mehr in einer Tür, sondern in einem weiten, begehbaren Lüftungsschacht endet, zog er lang Zeit das Interesse von Spaziergängern und Neugierigen an. Um sowohl Unfälle, das unerlaubte Betreten des Stollens oder das Verschmutzen des Zugangs zu vermeiden, wurde bereits vor zwei Jahrzehnten ein Schutzkäfig über dem Zugang errichtet. „Über diesen Käfig wundern sich zwar die Spaziergänger", so Engelhardt, „aber er wird respektiert."

Durch seine genauen Kenntnisse der 16 Keller mit einer Gesamtlänge von 20 Kilometern – erworben durch die Freilegungsarbeiten im eigenen und benachbarten Kellern, aber auch durch die Begehungen des die Sicherheitsaufsicht führenden Bergamtes Nordbayern in Bayreuth sowie durch Lagepläne aus dem Stadtarchiv – ist Fritz Engelhardt so etwas wie der Ombudsmann für alle Keller geworden. Mit zahlreichen Anekdoten reichert er seine sonntäglichen Kellerführungen an, die mitunter von nachhaltiger Wirkung sind: „Ich habe schon Menschen beiderlei Geschlechts durch die Dunkelheit des Bergs gelotst, die schließlich als Paare wieder herauskamen", sagt er schmunzelnd und fügt an: „Eine ältere Dame hat hier das Glück ihres Lebens gefunden." Verschütteter Stollenausgang hin oder her.

Peter Millian

So geht's zum Stollenausgang:

Der mit einem Lüftungsschacht endende Stollen befindet sich etwa 15 Meter unterhalb des Platen-Häuschens, das an der Burgbergstraße 92 steht.

Emporenbretter

Der Blick nach oben lohnt sich

„Hebe deine Augen auf!", heißt es in Psalm 121, von Felix Mendelssohn Bartholdy (1809-1847) wunderschön vertont. Auch in der Kirche St. Peter und Paul empfiehlt es sich, vor allem dann, wenn man das Gotteshaus von Norden her betritt, die Augen nach oben zu richten. Dann und nur dann entdeckt man nämlich, dass die Emporenbretter direkt über dem Eingang an ihrer Unterseite kunstvoll bemalt ist. Und hinter diesen besonders gestalteten Brettern steckt ein spannendes Stück Kirchengeschichte: „Nach Ansicht von Fachleuten handelt es sich hierbei um Reste der früheren hölzernen Tonnendecke der Kirche. Das ist so wunderschön und ich bin immer wieder angerührt von diesem Zeugnis einer längst vergangenen Zeit", schwärmt Gertrud Trojanski. Zumal sich daran Baugeschichte erzählen lässt: „Im Laufe der Jahrhunderte hatte unsere Kirche mindestens drei unterschiedliche Dächer – und damit auch Decken im Langhaus." An der Nordseite des Kirchturms könne man noch sehr gut erkennen, dass es früher einmal ein steileres, höheres Satteldach gab, dessen First durch eine einfache, stilisierte Kreuzblume seinen Abschluss gefunden hat. „Das Steildach und die bekrönende Kreuzblume sind echte Wahrzeichen der Gotik und stammen aus der zweiten Hälfte des 15. Jahrhunderts", ordnet Gertrud Trojanski ein.

„Im Laufe der Jahrhunderte hatte unsere Kirche mindestens drei unterschiedliche Dächer – und damit auch Decken im Langhaus."

Und in dieser Zeit ist eben auch die hölzerne Tonnendecke im Langhaus entstanden, die mit kunstvollen Ornamenten verziert wurde. „Ein noch älteres Dach wurde vermutlich während der Markgrafenfehde im Jahr 1449 zerstört. Das jetzige Langhausdach wurde im Jahr 1726 errichtet. Damals hat man das bisherige Dach abgetragen

Gertrud Trojanski weiß: Die prachtvoll bemalten Bretter über ihrem Haupte befanden sich einst an anderer Stelle.

und das Gebäude um drei Steinreihen erhöht, um Platz für die Stuckarbeiten zu schaffen", fährt die Kirchenkennerin fort. Eine Kirche mit drei Dächern – und einem Vorgängerbau, wie Trojanski sagt: „Als es in den 1950er-Jahren Sanierungsmaßnahmen gab, stieß man in etwa 1,50 Meter Tiefe auch auf die Fundamente einer kleineren romanischen Kirche, die wohl aus dem 12. Jahrhundert stammte und, wie drei übereinanderliegende Bodenschichten zeigen, über lange Zeit bestand. An genau der gleichen Stelle wurde dann um 1470 eine gotische Kirche gebaut", sagt Trojanski. Und die hatte eben mehrere Dächer. Eine der zugehörigen Langhausdecken war kunstvoll bemalt. „Viele dieser alten Bretter sind verlorengegangen", bedauert Trojanski. „Aber ein paar wurden zum Glück gerettet und eingelagert." Bis sie, als die Emporen eingebaut wurden, an ihren heutigen Bestimmungsort kamen. Und seitdem lohnt es sich für Kirchenbesucher, die Augen nach oben zu richten, wenn sie das Gotteshaus betreten.

Diese Bretter haben eine wechselvolle Geschichte hinter sich.

Eva-Maria Bast

So geht's zu den Emporenbrettern:

Man kann sie entdecken, wenn man die Kirche St. Peter und Paul von der Nordseite her betritt. Die Kirche befindet sich im Stadtteil Bruck an der Fürther Straße 40.

An der Schrebersäule führt der Weg von Andreas Jakob häufig vorbei.

41

Schrebersäule

Ab ins Grüne

Schreber? Das ist doch der Mann mit den kleinen parzellierten Gärten! Man kann den Namen an der unscheinbaren Säule entdecken, die, von den meisten Passanten unbeachtet, im Schlossgarten steht. Doch irgendwie passt das nicht, die Verbindung zwischen der Weitläufigkeit des Schlossgartens und dem Mann, nach dem die Kleingärten in den Gartenkolonien benannt sein sollen. „Tatsächlich ist das Denkmal auch nicht Moritz Schreber gewidmet, sondern dessen Onkel", erklärt Stadtarchivar Andreas Jakob das Objekt am Wegesrand, das von der Orangerie nicht weit entfernt steht. Die Säule würdigt das Schaffen von Johann Christian

Daniel von Schreber (1739-1810). Ihm ist es zu verdanken, dass die beliebte Grünfläche aussieht, wie sie aussieht: „Ab 1780 begann Schreber, den Schlossgarten von einer höfischen Barockanlage in einen englischen Landschaftsgarten zu verwandeln“, sagt der profunde Schlossgartenkenner.

Bis dahin war der Garten, der ab 1700 – nachdem das Schloß erbaut war – angelegt wurde, eine Oase für die höfische Gesellschaft. Die Adeligen schritten auf sandigem Boden durch den streng geometrisch und symmetrisch gehaltenen Park und erfreuten sich an den Zierbeeten, exakt beschnittenen Hecken und Gartenskulpturen. Der Botanikprofessor Schreber machte Schluss mit dieser kostspieligen Ausgestaltung und setzte stattdessen auf das Prinzip „begehbare Natur“. Andreas Jakob führt aus: „Ihm kam es darauf an, einen lichten Wald mit vielen Bäumen, Büschen und Gräsern zu erschaffen.“

Der Mediziner und Naturforscher Schreber, gebürtig in Weißensee in Thüringen, war ein Schüler des berühmten Naturforschers und Gartenarchitekten Carl von Linné (1707-1778). Im Jahr 1770 erhielt er als Professor für Arzneikunde den Ruf nach Erlangen. Kurz darauf wurde Schreber Leiter des Botanischen Gartens der Universität, welcher vor dem Nürnberger Tor lag und den er kurz nach seiner Ankunft 1771 begründete. Im Gegensatz zum Schlossgarten diente der Botanische Garten wissenschaftlichen Zwecken und präsentierte zum Beispiel Gehölzpflanzen oder krautartige Gewächse. In Treibhäusern wurde die Anzucht unterschiedlicher Pflanzen betrieben.

Der Wissenschaftler Schreber verwandelte einst den Schlossgarten in einen englischen Landschaftsgarten.

Später, im Jahr 1776, avancierte Schreber zum Direktor des Naturalienkabinetts. *Die Säugethiere in Abbildungen nach der Natur* lautete 1775 der Titel eines damaligen Lehrbuch-Standardwerkes, das er schrieb. Es beeindruckte durch die perfekte Verbindung von wissenschaftlich fundiertem Text und naturgetreuer Abbildung.

Während andere Professoren, wie Jakob betont, ihr Talent bewiesen, um dann die Stadt schnell wieder zu verlassen und anderswo zu wirken, schlug Schrebers Herz auch weiterhin für Erlangen. „Er blieb sein Leben lang hier", erzählt Andreas Jakob. Und zwar aus einem ganz einfachen Grund – dem besten überhaupt: Weil es ihm hier gefallen hat. „Schreber kam relativ jung nach Erlangen. Er hatte hier ein sehr gutes Einkommen und konnte seine Ideen verwirklichen", ergänzt Andreas Jakob. Im Dezember 1810 verstarb Schreber in einem für diese Zeit hohen Alter von 71 Jahren. Noch im gleichen Jahr stiftete seine trauernde Witwe die Erinnerungssäule, die im Botanischen Garten aufgestellt wurde. Ungefähr dort, wo heute ein Bettengeschäft, ein Bekleidungshaus und ein Café zum Stadtbild gehören. Erst im Jahr 1826 verlegte man den Botanischen Garten an seinen heutigen Platz – die Universität war mittlerweile zum Eigentümer von Schlossgarten und Botanischem Garten geworden und führte damit beide Liegenschaften zusammen. Die Säule selbst wurde ein Jahr später, 1827, in den Schlossgarten gebracht.

„Johann Christian Daniel von Schreber war ein prominenter, erfolgreicher Wissenschaftler", urteilt Andreas Jakob. Deshalb wundert es ihn nicht, auf welche Weise die Witwe Schrebers ihrem Mann ein Denkmal setzte. „Eine Säule ist ein vornehmes Bauteil, ein Symbol der Stärke", führt Jakob aus. In Tempeln seien sie konstituierend, und auf Gemälden lehnten sich Barockfürsten gerne einmal an eine Säule an. „Sie ist ein Symbol der Macht." Und der Macht der Erholung im Grünen scheinen die Schlossgartenbesucher sich auch heute noch gerne zu unterwerfen.

Ilona Hörath

So geht's zur Schrebersäule:

Die Schrebersäule befindet sich im nördlichen Teil des Schlossgartens in unmittelbarer Nähe zur Orangerie. Von hier aus sind es nur ein paar Schritte Richtung Osten.

42

Goldplatte

Auf der Suche nach dem, was bleibt

Was darf´s denn bitte sein, Gold oder Beton? Diese Wahl fällt wohl jedem leicht. Einen Ehering aus Beton würde niemand tragen wollen. Einen aus Gold schon. Gold bleibt.

Wer Gold besitzt, behütet es wie einen Schatz, achtet darauf, dass es nicht verloren geht. Manchmal ist es aber auch vergänglich. Löst sich förmlich in Luft auf. Dieses Phänomen kann Pfarrer Dr. Peter Baumann von der Altstädter Dreifaltigkeitskirche täglich beobachten, wenn er seine Kirche verlässt und vor die Tür tritt. Weit muss er nicht gehen. Auf dem Boden, dicht an der Fassade, liegt Gold. Ein paar Meter daneben ebenfalls. Und nicht weit davon entfernt schon wieder. Es ist punktuell verteilt. So geht das über den ganzen Martin-Luther-Platz hinweg, weiß Baumann. „Das ist das Ergebnis von zwei Kunstaktionen, die die Künstlerinnen Annie Kuschel und Birgit Nadrau 2005 und 2009 am Martin-Luther-Platz durchgeführt haben", sagt Baumann. Ihren Goldglanz haben die Platten seitdem verloren, mal mehr, mal weniger. Dort, wo die Menschen darüber laufen, sind nur noch Spuren zu sehen, an den Stellen, wo die Platten ganz nah an einer Wand liegen, ist vergleichsweise viel erhalten. „Ich kann mir vorstellen, dass sie, als sie frisch vergoldet waren, schon ein Blitzlicht darstellten und aufgefallen sind", sagt Peter Baumann. Als die Kunstaktion stattfand, arbeitete er noch nicht als Pfarrer in Erlangen, was er bedauert: „Ich finde es fast ein bisschen schade, dass ich nicht dabei sein konnte."

„Die Künstlerinnen haben Abdrücke von bestimmten Besonderheiten der umliegenden Gebäude angefertigt, woraus dann die Reliefplatten entstanden sind."

Geht gern auf die Suche: Pfarrer Dr. Peter Baumann bei einer der Goldplatten.

Die Platten sind nicht einfach nur glatt und mit Gold überzogen. Auf allen Exemplaren lassen sich unterschiedliche Strukturen erkennen. „Die Künstlerinnen haben Abdrücke von bestimmten Besonderheiten der umliegenden Gebäude angefertigt, woraus dann die Reliefplatten entstanden sind", erklärt der Geistliche und fährt fort: „In der zweiten Kunstaktion wurden sie dann vergoldet." Gegenüber der Kirche sind auch vier weiße, ornamental gestaltete Platten in den Boden eingelassen.

Das Gold der Reliefplatte wird im Laufe der Zeit abgetragen.

„Die Platten fordern den Passanten auf, danach zu suchen, von welchem der Gebäude der Abguss stammt", konstatiert Baumann. „Es ist interessant, was man alles findet, wenn man auf die Suche geht", ist er überzeugt und gibt den Tipp: „Erst wenn man sich damit beschäftigt, erkennt man den gesamten Umfang der Aktion." Aus seiner Sicht passen die Platten sehr gut in den „von schönen Gebäuden gesäumten Platz". Indem die Menschen die Platten betreten, wird im Laufe der Zeit das Gold abgetragen, so will es die künstlerische Intention. Was bleibt, ist also nicht das Gold. Sondern diesmal der Beton.

Ilona Hörath

So geht's zur Goldplatte:

Die unterschiedlichen Goldplatten sind auf dem ganzen Martin-Luther-Platz verteilt.

Stadtheimatpfleger Konrad Rottmann vor dem Fresko von zwei schwätzenden Frauen, über denen der Teufel schwebt.

43

Fresko

Wo der Teufel beim Schwätzen lauscht

Die Schummelei beginnt gleich mit dem ersten Fresko, auf das der Blick fällt. Wobei es keine Rolle spielt, ob man das Fresko „Verkündigung an Maria", „Drachenkampf des St. Georg" oder die Kreuzigungsszene ansieht. „Eigentlich ist der Begriff Freskomalerei falsch", sagt Konrad Rottmann. „Beim Fresko trägt der Künstler die Farbe in der letzten Schicht auf einen noch feuchten und noch nicht ausgehärteten Kalkputz auf, so wird das Farbpigment gut aufgesogen, die Farbe hält dauerhaft." Al fresco eben, nass. Diese Technik wurde hier jedoch nicht angewendet. „In Wirklichkeit ist es Seccomalerei, weil die Farbe auf den trockenen Putz aufgetragen wurde“, stellt der Stadtheimatpfleger richtig und sagt schelmisch: „Der Begriff Secco bedeutet hier so viel wie das Kleingedruckte.“

Keine Frage: Die Maltechnik ist wichtig. Dennoch ist das bezaubernde Kriegenbrunner Dorfkirchlein mit dem wunderschönen Gewölbechor, der sich über den goldglänzenden Flügelaltar spannt, ein ganz besonderes Kleinod. Entstanden ist die Wehrkirche 1338, der Chorturm wird auf ungefähr 13./14. Jahrhundert datiert und das Langschiff, das gerade mal zehn Meter misst, stammt – auch hier gibt es keine genauen Angaben – wohl aus dem 14./Anfang 15. Jahrhundert. „In Franken gibt es zwar viele Kirchen, aber nur sehr wenige aus der Romanik. Mir fällt keine andere Kirche ein, die noch kleiner oder genauso groß ist“, sagt Rottmann weist darauf hin, dass die Kirche voll besetzt ist, wenn rund 70 Gläubige auf den Kirchenbänken Platz nehmen. Der gelernte Architekt und Steinmetz ergänzt: „Man muss froh sein, überhaupt noch authentische, romanische Malereien zu finden, denn der Dreißigjährige Krieg hinterließ überall Verwüstung und Zerstörung.“ Davon waren auch die Kirchen nicht ausgenommen.

Der Teufel steckt im Detail und macht sich über schwätzende Gottesdienstbesucherinnen lustig.

Weil die Kirchgänger im 11. oder 12. Jahrhundert nicht zu lesen vermochten, wurde ihnen die Geschichte Christi in Bildern vermittelt. Diese erzählen die Fresken, beginnend an der rechten Wandseite gegen den Uhrzeigersinn. „Das Schöne sind die Details, das macht es so spannend“, freut sich Konrad Rottmann und zeigt auf ein ganz außergewöhnliches Bild in der Ecke unter der Empore. Es zeigt zwei Frauen im Gespräch, über denen der Teufel schwebt. „Man weiß nicht, was die eine Frau tratscht, aber die andere ermahnt sie ‚Schwätz nicht', so steht es neben der Szene geschrieben", erklärt Rottmann die Szene. „Eine biblische Darstellung ist dies nicht, es ist eine Mahnung an die Gottesdienstbesucherinnen." Mit anderen Worten: Wer in dieser Kirche schwätzt, wird erwischt und, so steht es neben der Szene geschrieben, mit den Worten ‚lap lip lap' nachgeäfft, und zwar vom Teufel.

Schummeln im Sinne von in den Gottesdienst gehen, aber dann lieber mit der Sitznachbarin den neuesten Klatsch austauschen, das geht gar nicht. Genauso wenig wie eine andere Schummelei in dieser Kirche, die Johannes dem Täufer geweiht ist. Entdeckt wurden die Fresken erst in den 1940er-Jahren, sie lagen unter dicken Farbschichten verborgen. In diesem Jahrzehnt begann aber auch eine Leidensgeschichte, die die Fresken durchleben mussten. „Rund 40 Jahre lang hat man bei Restaurierungen herumlaboriert, etwas Ordentliches ist dabei nicht herausgekommen", bedauert Konrad Rottmann. Um die originale Malerei freizulegen und die Bilder zu restaurieren, ging es recht unsachgemäß zu: Zum Einsatz kamen falsche Restaurierungsmaterialien, manch einer übermalte die Bilder einfach und verfälschte sie dadurch, und einer, der sich Künstler nannte, malte einfach neu dazu. Das ist auch eine Art von Schummelei. Festzustellen, was Original und was Übermalung ist, sei sehr schwer. Dennoch gewinnt Rottmann dem Dauermalheur etwas Positives ab: „Im Kern sind die Fresken da." Sie entfalten ihre unvergleichliche Wirkung noch immer. Trotz mancher Schummeleien.

Ilona Hörath

So geht's zum Fresko:

Die Wehrkirche St. Johannes der Täufer steht im Ortsteil Kriegenbrunn in der Bruckweiherstraße 4.

Anlieger
frei
TEDi
Kaufland

Adler

Mit Krönchen und Wappenschild

Hoch oben auf der Säule, am Hauseck, hat er sich niedergelassen und blickt in Richtung Hauptstraße. Ein Krönchen hat er auf, vor seiner Brust trägt er ein hohenzollerisches Wappenschild und über seinem Haupte zieht sich eine Inschrift, auf der, etwas schwer zu entziffern, geschrieben steht: *Zu dem Brandenburgischen Adler*. Stadtkenner Bernd Nürmberger hat den Adler richtig gern, und das nicht nur, weil er der Inhaber der benachbarten Adler-Apotheke ist – die hat mit dem Adler auch gar nichts zu tun, außer, dass sie das gleiche Tier als Namensgeber gewählt hat. Nein, Bernd Nürmberger mag das gekrönte Tier, weil es für ein Stück Stadtgeschichte steht: Zwei Gasthäuser nutzten den Adler als Wirtshausschild, ursprünglich diente es aber wohl einem anderen Zweck. Das *Stadtlexikon* weist darauf hin, dass „Qualität der Ausführung, ikonographische Bedeutung und der damals anderslautende Name des Gasthauses" ausschließen lassen, dass das Tier als Wirtshauszeichen gefertigt wurde. „Möglicherweise handelt es sich – falls der Aufstellungsort urspr. ist – um ein mgfl. Hoheitszeichen für die 1702 in dem Gebäude eingerichtete Gerichtsstube". Mit dem „anderslautenden Namen" hat es Folgendes auf sich: „Über dem Adler ist ja der Schriftzug *Zu dem Brandenburgischen Adler* zu lesen", erklärt Nürmberger. „Dieses Gasthaus ist aber erst im 19. Jahrhundert eröffnet worden." Der Adler stammt jedoch, wie die Jahreszahl zu seinen Füßen erkennen lässt, aus dem Jahr 1686 und wird dem Barockbildhauer Elias Räntz (1649-1732) zugeschrieben. Räntz, der in Erlangen auch den Hugenottenbrunnen im Schlossgarten schuf, war 1679 zum Hofbildhauer des Markgrafen Christian Ernst (1655-1712) berufen worden.

„Der Adler hat immer noch eine Funktion, und zwar eine sehr wichtige: Er erinnert an die doch sehr wechselvolle Geschichte dieses Ortes."

Bernd Nürmberger zu Füßen des Adlers.

Er hatte zuvor in Rom studiert und mit seinen Werken auch das Bayreuther Stadtbild stark geprägt. Überdies wurden seine Söhne und Enkel gleich ihm bedeutende Bildhauer. Der Adler entstammt also ebenso berühmter wie berufener Hand. Nürmberger weiß: „Davor zierte er das in der Hauptstraße 47 beheimatete Wirtshaus ‚Zum Goldenen Adler'. Er stand bis zum Abbruch des Gebäudes im Jahr 1966 am Haus Hauptstraße 47 an der Ecke zur Heuwaagstraße und seit 1976 an der Ecke von Hauptstraße 55 zur Kuttlerstraße.

Der Adler hat eine wechselvolle Geschichte hinter sich.

Irgendwie wäre das dann schon ein Abstieg: Vom markgräflichen Hoheitszeichen zum Wirtshausschild und nun, in der Jetzzeit, so gänzlich ohne Funktion. Oder? „Nein", amüsiert sich Nürmberger und schüttelt den Kopf. „Der Adler hat immer noch eine Funktion, und zwar eine sehr wichtige: Er erinnert an die doch sehr wechselvolle Geschichte dieses Ortes." Und das tut er stolz und würdevoll. Mit Krönchen auf dem Haupt.

Eva-Maria Bast

So geht's zum Adler:

An der Ecke des Hauses Hauptstraße 55 befindet sich eine hohe Säule. Lässt man seinen Blick an ihr emporwandern, entdeckt man den Adler in luftiger Höhe.

Michaela Meyer begutachtet die Abbruchkante eines Steins der Stadtmauer.

45

Stadtmauer

Keine leichte Geburt

Pfusch am Bau würde man es wohl nennen, wenn schon nach ein paar Jahren zum Beispiel Holz, das zum Einsatz kam, anfängt zu verfaulen. Das ist ärgerlich für jeden Häuslebesitzer. Wie sich aus einem solchen Unglück ein echter Handwerker-Krimi entwickeln kann, zeigt die erstaunliche Entstehungsgeschichte der Stadtmauer. „Sie ist ein Gleichnis für den Bau", verrät Michaela Meyer, die sich eingehend mit der Errichtung des Schutzwalls beschäftigt hat. „Als ab 1686 die Hugenotten kamen, stand von Anfang an fest, dass man um die Neustadt herum eine Stadtmauer zu errichten wolle", fährt sie fort. Der erste Schritt bestand in der Tat aus Palisadenhölzern. „Diese standen ab 1694 eng aneinander und umschlossen die Stadt, bis sie 1713 vollends vergammelten, sie waren einfach zu schnell und billig gebaut worden", schildert die Erlangerin das Problem. Die Alternative war rasch in Form einer echten Stadtmauer aus Sandstein gefunden. Damit wollten Markgraf und Bürger drei Fliegen mit einer Klappe schlagen: die Bettler vom Stadtgebiet fernhalten, Reisenden und Kaufleuten Zollgebühren abknöpfen sowie deren mitgeführte Produkte kontrollieren und nicht zuletzt den Erlanger Geschäftsleuten jenen Schutz bieten, den diese für ihre innerstädtischen Lagerbestände brauchten.

Zum Zug kam 1708 der französische Bürgermeister und Bauunternehmer Timothée Mollié (verstorben 1729): Er hatte 1701 dort, wo sich heute der Bahnhof befindet, eine Gerberei erbaut. „Mollié, der sich gegen seine Konkurrenten durchgesetzt hat, fing ganz brav das Bauen an, die 456 Meter lange Mauer sollte von der Gerberei bis zum Südende der Stadt, wo sich heute das Theater ‚Fifty-Fifty' befindet, reichen und 3,70 Meter hoch werden", weiß Michaela Meyer.

Das Unterfangen galt als anspruchsvoll, denn die Mauer musste gleichzeitig auch den Hang hinauf zum heutigen Bahnhofsvorplatz stützen. „Mollié hat ordentlich Geld für die Maßnahme bekommen, doch 1710 passierte ihm ein Malheur. Ein gutes Stück der Mauer direkt an seiner Gerberei brach ein", sagt Michaela Meyer. Sofort war der markgräfliche Oberbaumeister zur Stelle, betrieb Ursachenforschung und diagnostizierte so ganz nebenbei: Die Mauer sehe aus wie eine Gartenmauer. „Mollié baute offenbar um seine Gerberei herum und auf sein eigenes Gewölbe, das unter der Last einstürzte", hat Michaela Meyer recherchiert. Mollié hatte nachzubessern und zudem die Mauer noch höher und dicker zu bauen. Wofür er zusätzlich vergütet wurde. So weit, so gut. Der Unternehmer machte sich nun einerseits an eine rund 300 Meter lange Strecke Richtung Norden, und andererseits nach Süden, schlug hier einen Haken nach Osten und peilte geradewegs das Nürnberger Tor an. Den Wechsel über 4.000 Reichstaler, die er dafür erhielt, reichte er umgehend an den Nürnberger Bankier Schmidt weiter – Mollié schien klamm zu sein.

Ungefähr in der Mitte der Strecke traten 1714 Molliés Wettbewerber auf den Plan und beschwerten sich, Mollié baue zu teuer und von minderer Qualität. Ein Trick, wie sich später herausstellen sollte. Doch der Protest war erfolgreich. Mollié war den Auftrag los und reichlich erbost. Sozusagen sauer. 1714 übernahm der Maurermeister Georg Bickel. „Dieser war jedoch nach zwei Jahren insolvent und der Markgraf beauftragte wieder Mollié“, schildert Michaela Meyer den weiteren Fortgang. Bickel hingegen wurde später, notariell beurkundet, quasi der Lüge überführt und musste zugeben, er könne eben nicht wesentlich billiger bauen als Mollié. Doppeltes Pech für ihn: Um dennoch für seine Bauleistungen zumindest einigermaßen entschädigt zu werden, musste er sich an seinen Nachfolger wenden. Wen wohl? Ja, Mollié.

„Mollié hat ordentlich Geld für die Maßnahme bekommen, doch 1710 passierte ihm ein Malheur. Ein gutes Stück der Mauer direkt an seiner Gerberei brach ein.“

„Ein Haifischbecken war die Baubranche schon immer“, fasst Michaela Meyer die damaligen Geschehnisse zusammen und räumt ein: „Glück hatten die Bauleute, wenn sie bereits bei Vertragsabschluss Geld bekamen. Sehr oft allerdings konnten sie nicht sicher sein, wann und ob der Markgraf überhaupt willens war zu bezahlen.“ Sie zieht Bilanz: „Als Timothée Mollié verstarb, hinterließ er einen Schuldenberg, sein Wohnhaus in der Hauptstraße 26 bekam der Bankier Schmidt.“

Etwa vier mal 2,40 Meter groß ist das Stück Stadtmauer im Untergeschoss des Bahnhofs, entdeckt wurde sie erst 1988 bei Bauarbeiten. Die bewegte Geschichte sieht man ihr nicht an. Doch sie hat einen Blick verdient.

Ilona Hörath

So geht's zur Stadtmauer:

Sie befindet sich im Untergeschoss des Bahnhofs, gleich neben der Rolltreppe.

56
49
142
158
88
70
52
111
151

46

Moulagen

Faszinierende Anschauungsobjekte aus Wachs

Und dann schließt Michael Sticherling doch noch sein „Kuriositätenkabinett" auf. In mehreren Schubladen liegen sorgsam platziert Moulagen. „Moulagen sind detailgetreue, dreidimensionale Wachsabdrücke von erkrankten Körperteilen", erläutert er. Nein, die Objekte in den Schubladen könne man nicht öffentlich zeigen. Nur jene, die in den Glasvitrinen direkt darüber hängen. Zu groß sei bei den versteckten Exemplaren der Gruselfaktor. Moulagen mit Gruselfaktor? Zum Vergleich: Die harmloseren, ausgestellten Wachsabdrücke demonstrieren auf beeindruckende Weise, wie sich die Haut zum Beispiel bei Syphilis, Tuberkulose oder bei einem Basaliom verändert. Wenn sich etwa rote Flecken ausgebreitet haben, die sich ein Laie nicht erklären kann.

Was auf den ersten Blick merkwürdig erscheint, erweist sich als ein kleines aber feines Relikt der Medizingeschichte, von dem sich manche Betrachter hin- und hergerissen fühlen. Man entdeckt das Ungewöhnliche und geht doch gleichzeitig auf Distanz dazu. „Die Menschen fühlen sich ein wenig angegruselt", weiß Sticherling. Was, wenn auch ich eine solche Krankheit hätte, die die Haut so dramatisch aussehen läßt? Wie groß mag das Leiden sein? Wer Moulagen studiert, muss sich automatisch mit Haut-, Geschlechts- und Infektionskrankheiten und speziell dem äußeren Erscheinungsbild betroffener Patienten auseinandersetzen.

Dass der Begriff „Moulagen" vielen Menschen fremd sein dürfte, weiß Prof. Dr. med. Michael Sticherling, Leitender Oberarzt und stellvertretender Klinikdirektor der Hautklink am Erlanger Universitätsklinikum, nur zu gut. Er erläutert: „Moulagen entstanden mittels Gipsabdruck, der im nächsten Schritt mit einem Wachs-Harz-Gemisch ausgegossen wurde." War dieses ausgehärtet, wurden die Moulagen mit Farbe coloriert. Damit sie auch wirklich lebensecht wirken. Das französische Wort ‚mouler' bedeutet nichts anderes als abformen.

Prof. Dr. med. Michael Sticherling hat die Beschäftigung mit Moulagen zu seinem Hobby gemacht.

Ein Gruselfaktor war dabei jedenfalls nicht vorgesehen. Und wer nun an ein Wachsfigurenkabinett á la Madame Tussauds denkt, liegt falsch. Denn die hier ausgestellten Wachsabdrücke waren Anschauungsobjekte für den Einsatz in der medizinischen Ausbildung und Lehre, um Allgemeinärzten, Dermatologen, Studierenden und Krankenschwestern Krankheitsbilder vor Augen zu führen. Fern jeglicher professionellen Fotografie und der Tatsache folgend, dass man Haut nicht konservieren kann.

Sticherling weiß zu berichten, dass selbst kundige Dermatologen immer wieder überrascht sind, „wie frappant realitätsnah die Moulagen hergestellt sind." So sehr, dass selbst heute noch Fachleute den ärztlichen Blick an den einzigartigen Kunstwerken schulen. „Alle dargestellten Krankheiten gibt es noch", unterstreicht der Mediziner.

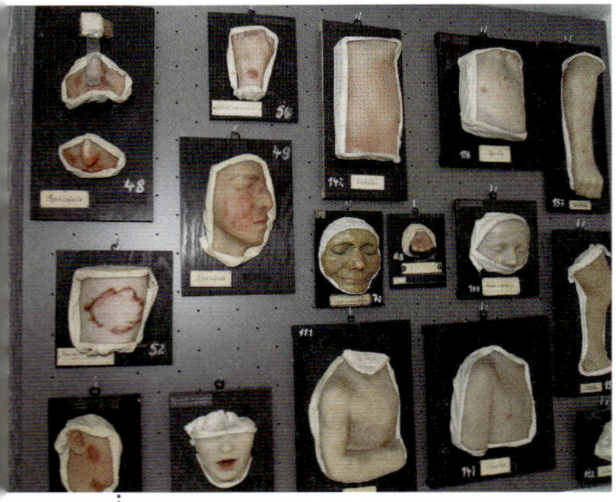

Im Universitätsklinikum Erlangen lassen sich viele historische Wachsabdrücke von Haut-, Geschlechts- und Infektionskrankheiten bestaunen.

167 Exemplare befinden sich in der Obhut von Michael Sticherling, für den die Beschäftigung mit den Moulagen längst zum geliebten Hobby geworden ist. Das Gros der einstigen kunstvoll hergestellten Lehrmittel wird in drei großformatigen Glasvitrinen in der Hautklinik des Erlanger Universitätsklinikums präsentiert.

Die Kostbarkeiten gehören zu den Sammlungen der Friedrich-Alexander-Universität Erlangen-Nürnberg und spiegeln ein Stück Medizingeschichte wider. Es war Leonhard Hauck (1874-1945), der erste Lehrstuhlinhaber der seit 1923 eigenständigen Hautklinik, auf den die Moulagensammlung zurückgeht. „Unser ältestes Exponat stammt von Anfang des 20. Jahrhunderts", sagt Michael Sticherling, der die Moulagen auch erforscht. „In ihrer Entstehungszeit sahen sie noch viel natürlicher aus. Die Veränderungen sind dem Alterungsprozess des Wachses geschuldet." Hauck habe sie zusammengekauft oder geschenkt bekommen. „Nach allem, was wir wissen, wurden in Erlangen selbst keine Moulagen hergestellt."

Als die Erlanger Wachsabdrücke im Ausbildungs- und Lehrbetrieb nicht mehr benötigt wurden, weil die Fotografie neue Möglichkeiten eröffnete, Krankheitsbilder zu dokumentieren, fristeten sie über viele Jahrzehnte ein Schattendasein. Zwar hörsaalnah verstaut, aber stets verschlossen und nicht zugänglich. Schon gar nicht für die Öffentlichkeit. Erst Sticherlings Faible für die Moulagen brachte die speziellen Zeitzeugen wieder ans Licht. Ab dem Frühjahr 2006 wurden sie katalogisiert, und nach langer Suche eines geeigneten Standortes fanden sie 2013 in den Vitrinen des Uniklinikums einen würdigen Platz.

„Die Moulagen sind frappant realitätsnah hergestellt."

Manchmal führt Michael Sticherling seine Studierenden, aber auch interessierte Besucher, zu den Vitrinen. „Sie sind sehr davon angetan, dass es so etwas noch gibt." Wie aber beurteilen Gäste, Mitarbeiter und die Patienten des Universitätsklinikums die Sammlung? „Bis jetzt hat sich noch niemand beschwert", erklärt er mit einem Augenzwinkern.

Ilona Hörath

So geht's zu den Moulagen:

Sie befinden sich in der ersten Etage der Hautklinik des Erlanger Uniklinikums am Ulmenweg 18 und sind über den Haupteingang erreichbar.

Gernot Klarmann streichelt den Löwenkopf, der sich am Fuß des Kanaldenkmals befindet.

47

Löwenkopf

Das Raubtier wurde trockengelegt

Er fletscht die Zähne, doch gefährlich wird der Löwe niemandem. Ganz im Gegenteil: Wer sich ein wenig bückt, kann dem gusseisernen Löwenkopf sogar übers Haupt streichen. Im Vergleich zu dem mächtigen Granitsteinsockel, aus dem er herausragt, nimmt er sich vergleichsweise winzig aus. Geschaffen wurde der Löwenkopf vom Nürnberger Eisengießer Jacob Daniel Burgschmiet (1796-1858) nach antikem Vorbild. Einst übernahm der Löwenkopf die Funktion des Wasserspeiers eines Brunnens, der den Platz vor dem Kanaldenkmal zierte. Der Brunnen selbst ist längst trockengelegt. Und der Platz ist einer Straße gewichen, die 1938 dort entstand. „Der Löwenkopf macht neugierig und animiert, den Blick auf die monumentale Schönheit des Denkmals zu heben", sagt Gernot Klarmann, Stadtführer und Hobby-Historiker.

Heute ist die imposante Figurengruppe als Sinnbild des triumphierenden technischen Fortschritts weitgehend aus dem Blickfeld der Passanten und Verkehrsteilnehmer verschwunden – wie der Kanal selbst, für den das Monument einst stand. Das in den Augen von Kunsthistorikern „bedeutendste Denkmal des 19. Jahrhunderts in Mittelfranken" zeigt sich heute ziemlich eingeklemmt: zwischen Autobahn und der Staatsstraße nach Baiersdorf. Wenige Meter weiter passieren ICEs und S-Bahnen die Röhre des Burgbergtunnels. „Das Kanaldenkmal ist praktisch aus dem Alltag der Menschen verschwunden", sagt Gernot Klarmann, der das Schicksal des stolzen Monuments bedauert.

Doch dieses Schicksal war dem Denkmal und seinem Brunnen keineswegs in die Wiege gelegt – ganz im Gegenteil. Kein Geringerer als der Baumeister des Bayern-Königs Ludwig I. (1786-1868), Leopold von Klenze (1784-1864), fertigte bereits kurz nach Baubeginn des Ludwig-Donau-Main-Kanals im Jahr 1837 eine erste Skizze des Kanalmonuments. Drei Jahre später erteilte Ludwig I. – nach einem zweiten Entwurf Klenzes – dem Münchner Bildhauer Ludwig Schwanthaler (1802-1848) den Auftrag, das Denkmal zu errichten. Ein Unbekannter war Schwanthaler nicht – er ist der Schöpfer der Symbolgestalt „Bavaria", die als Patronin für Bayern auf der Münchner Theresienwiese steht. Noch im Auftragsjahr stellte Schwanthaler Modelle für die Figuren her und ließ diese durch seine Schüler ausführen.

Der nicht unerhebliche königliche Aufwand für das Kanaldenkmal könnte, so meint Gernot Klarmann, auch darin begründet sein, dass Ludwig I. sich schnell noch eines Projektes versichern wollte, „für das er sich zwar verwendete, aber kein Geld ausgeben wollte." Als nämlich im Jahr 1834 der Bayerische Landtag den Bau eines Kanals zwischen Main und Donau beschloss, wurde das benötigte Kapital in Form einer Aktiengesellschaft beschafft – eine damals nicht unübliche Finanzierung für neue Technologien, wie zum Beispiel auch die der neuen Eisenbahnstrecken.

Als nach siebenjähriger Arbeit die 173 Kilometer lange und nun Ludwig-Donau-Main-Kanal genannte Wasserstraße im Mai 1846 im Abschnitt Erlangen fertiggestellt war, erfolgte zwei Monate später die Enthüllung des Denkmals. „Es muss ein Riesenspektakel gewesen sein", ist Gernot Klarmann überzeugt, „alte Stiche zeigen, dass alles, was Rang und Namen hatte, zur Enthüllung gekommen war." Und in der Tat, das Monument machte Eindruck, damals wie heute. Die rechteckige Basis aus Jurakalk trägt zwischen zwei Reliefs – rechts eine Neptungabel als Symbol des Wassers bzw. der Fischerei, links ein bekränztes Steuerruder als Zeichen der Schifffahrt – die Inschrift: *DONAU UND MAIN / FÜR DIE SCHIFFAHRT VERBUNDEN / EIN WERK VON CARL DEM GROSSEN VERSUCHT / DURCH LUDWIG I. KOENIG VON BAYERN / NEU BEGONNEN UND VOLLENDET / MDCCCXLVI.* Die Bekrönung bilden vier ebenfalls aus Jurakalk gearbeitete allegorische Figuren, die einander zugewandt aus ihren Gefäßen heraus in den Main und die Donau fließen und so symbolisch sich vereinen lassen. Zwei flankierende weibliche Gewandfiguren sollen den Handel und die Fluss-Schifffahrt verkörpern.

Auch wenn er das Maul noch so weit aufreißt. Wasser speit er keines.

Was man als Sieg der Technik über die Natur – genauso wie die nebenan in einem Tunnel verlaufenden Eisenbahnlinie – verstand, wurde aber letztlich selbst Opfer des technischen Fortschritts. Bereits 20 Jahre nach seiner Fertigstellung erwies sich der Kanal als unwirtschaftlich. Der neuen, Richtung Baiersdorf führenden Straße hatte auch das Denkmal zu weichen. Es wurde nach Süden versetzt, seine Treppenaufgänge und die Brunnenanlage einfach weggelassen. „Damit", so der Stadtführer, „war das Monument seiner außerordentlichen Wirkung beraubt worden."

Das Sinnbild für die außergewöhnliche Ingenieurleistung Kanalbau stand nun nicht mehr frei und triumphal, sondern wurde in den Berghang eingegliedert. Und als der alte Ludwig-Donau-Main-Kanal durch den größeren und seit 1959 neu gebauten Europakanal im Stadtwesten ersetzt – und gleichzeitig zugeschüttet und von der Autobahn überbaut wurde – geriet das Denkmal endgültig ins Abseits. Es verlor seinen geografischen und historischen Bezug. Was blieb, ist nicht nur ein Kanaldenkmal, an dem viele achtlos vorbeifahren. Sondern auch, ganz dicht über der Grasnarbe, der Löwenkopf. Gernot Klarmann sagt: „Ein Löwenkopf, der nur noch eine Attrappe ist."

„Es muss ein Riesenspektakel gewesen sein, alte Stiche zeigen dass alles was Rang und Namen hatte, zur Enthüllung gekommen war."

Peter Millian

So geht's zum Löwenkopf:

Dem Verlauf der Bayreuther Straße Richtung Forchheim bis über die Eisenbahnbrücke folgen. Das Denkmal steht in einer leichten Rechtskurve erhöht in der Mauer.

Südliche Stadtmauerstraße

Balkon

Aussicht auf's Idyll am Ende der Stadt

Schmal und unscheinbar ragt er aus der Hauswand des Egloffstein'schen Palais hervor: der Balkon ohne Geländer. Man muss schon genau hinsehen, um diese Merkwürdigkeit zu entdecken. Für die Balkonszene wie in Shakespeares *Romeo und Julia* wäre er jedenfalls denkbar ungeeignet. Die Hübsche könnte wohl just in dem Moment herunterstürzen, in dem sie Romeo ihre Liebe gesteht. Doch tatsächlich hat sich auf diesem Balkon auch nie eine Liebesszene ereignet. Dass seine Geschichte dennoch erzählenswert ist, weiß Thomas Engelhardt, der im Jahr 2012 auf das eigenartige Bauwerk aus drei großen Sandsteinplatten, die in die Wand eingelassen sind, aufmerksam wurde. Als damaliger Leiter des Stadtmuseums konzipierte er die Ausstellung „Erlangen im Barock" – und nahm den geländerlosen Balkon, der links und rechts von barocktypischen Voluten – schneckenhausartige Ornamente – gestützt wird, erstmals wahr. „Wo heute ein Fenster ist, befand sich einst die Balkontür", macht er deutlich.

Nachdem Engelhardt den Balkon entdeckt hatte, ließ dieser ihn nicht mehr los. Er recherchierte akribisch im Familienarchiv derer zu Egloffstein und fand nach langer Suche, „in der hintersten Ecke des Schlossarchivs, hinter einer schweren Holztruhe" die originalen und vollständig erhaltenen Baurechnungen. „Unter den rund 60 Belegen verbarg sich auch eine Rechnung über die Herstellung des Balkons. Das war wirklich ein Glücksfund", freut sich Engelhardt.

Ab 1718 wurde das Hinterhaus des Palais direkt an der Stadtmauer errichtet, und bis 1727 folgten mehrere Bauabschnitte. Heraus kam ein echter Superlativ. Das Palais Stutterheim am Marktplatz mag vielleicht wegen seiner eleganten Bauweise und dank seiner Nähe zum Schloss das Vornehmste sein. „Doch das Egloffstein'sche Palais ist, bezogen auf die Grundfläche, das größte Erlanger Adelspalais und nimmt beinahe den Platz von vier Standard-Bürgerhäusern ein", hat Engelhardt

Thomas Engelhardt hat sogar eine Baurechnung über die Herstellung des Balkons gefunden.

errechnet. Ein Clou von Engelhardts Entdeckung ist es, dass das jetzige Hinterhaus erst 1733 errichtet wurde, „und zwar anstelle eines vermutlich 1727 entstandenen Hinterhauses", wie er freudestrahlend berichtet. Das alte Hinterhaus sei wesentlich kleiner gewesen, während das neue nach dem Vorbild des repräsentativen Vorderhauses gestaltet ist. Und das, obwohl es an der Stadtmauer liegt.

Bauherr war Carl Maximilian von Egloffstein (1677-1733), der aus dem gleichnamigen fränkischen Uradelsgeschlecht stammt, das noch heute auf Burg Egloffstein in der Fränkischen Schweiz residiert. Der Herr, seines Zeichens „Ritterhauptmann des Kantons Gebürg", hatte dort zwar das „obere Schloss" geerbt, doch dessen Umbau oder ein Neubau wurde ihm verboten. Und in einem anderen Schloss, in Kunreuth, lebte schon der Vogt der Egloffsteins. So zog es Carl Maximilian in die Stadt. „Das Landleben empfand er als langweilig, in Erlangen tanzte der Bär", erklärt Engelhardt. „Dem prunkliebenden Ritter kamen das höfische Leben und die barocke Prachtentfaltung in der Nebenresidenz mit ihren Theateraufführungen, Redouten, also Bällen, und Karnevalsumzügen sehr entgegen."

Kein Wunder, dass der Freiherr jede Menge Geld in die Hand nahm und das neue Palais errichtete: 33 Zimmer und Kammern, Stallungen für 14 Pferde, eine Bibliothek, eine eigene Bäckerei und ein Treppenaufgang, symmetrisch angelegt wie in einem Schloss. Dazu passte ein Festsaal mit einer überwältigenden Stuckdecke, die ein italienischer Barockkünstler gestaltete. „Leider ist in der vorliegenden Literatur zur Stuckausstattung des Festsaals nicht ganz klar, wem diese eigentlich zugeschrieben wird", sagt Engelhardt. „Es gab nämlich zwei Stuckatoren nahezu gleichen Namens, Domenico Cadenazzi und Andrea Domenico Cadenazzi", erläutert der Fachmann. „Vermutlich ist Andrea Domenico Cadenazzi richtig, da dieser vor allem in der markgräflichen Residenzstadt Bayreuth tätig war und die hier von ihm geschaffenen Bauwerke stilistisch den Stuckaturen des Festsaals sehr ähneln sind." Thomas Engelhardt ordnet den opulenten Bau ein: „Es ging darum, Machtverhältnisse zu untermauern und die soziale Position zur Schau zu stellen."

Für ein ziemlich gesundes Selbstbewusstsein des Ritterhauptmanns spricht zudem die Baulinie des Egloffstein'schen Palais an der Südseite.

„Das Hinterhaus mit dem Balkon springt um fast einen Meter aus der Bauflucht hervor, es schließt also nicht bündig mit dem Nachbarhaus ab. Das war für die barocke Planstadt ein Unding", unterstreicht Engelhardt. Anders gesagt: Carl Maximilian setzte sich mit einem Trick über Bauvorschriften einfach hinweg, wie Engelhardt weiß: „Der Grundriss stammt von Johann Georg Weiß, der als markgräflicher Landbaumeister Ausnahmen von den Bauvorschriften machen kann."

Und ebenjener Balkon mutet besonders merkwürdig an. Überall sonst wird die Symmetrie eingehalten, an dieser Stelle jedoch nicht. Thomas Engelhardt findet: „Der Balkon wirkt deshalb auf gewisse Weise wie angeklebt und wie die Erfüllung eines „Extra-Wunsches". Auch in seiner Schlichtheit will der Balkon irgendwie gar nicht zu dem verschwenderisch gebaut und luxuriös ausgestatteten Repräsentations-Palais passen. Der Historiker vermutet, dass es dem Freiherrn hier nicht nur um Repräsentation ging, sondern auch um den genussvollen Blick auf den Sonnenaufgang und die Gärten jenseits der Stadtmauer.

Und für einen schönen Blick braucht es nicht viel Platz. Ein Geländer gab es damals – bis etwa 1790 – allerdings schon. Sonst wäre zwar nicht Julia glückstrunken zu ihrem Romeo herabgestürzt, aber vielleicht der Ritterhauptmann vor lauter Begeisterung über die schöne Aussicht auf der Straße vor dem Haus gelandet.

Ilona Hörath

So geht's zum Balkon:

Der Balkon ist an der Ecke des Gebäudes Südliche Stadtmauerstraße 28 angebracht.

PLAN DER ERLANGER NEUSTADT
GOETHESTRASS

Grundriss

Alles im Lot

Claudia Koolmann ist sich da als an der Architektur auch anderer Städte interessierte Stadtführerin ganz sicher: „Die Erlanger Neustadt ist eine der heute am besten erhaltenen barocken Planstädte Deutschlands". Ihr streng wirkendes Raster, so Koolmann, findet sich in der Gestalt anderer fränkischer Städte nicht wieder – das ältere Erlangen gleich nebenan sei viel gewundener, organischer und somit „chaotischer" gewesen und erst beim Wiederaufbau nach dem verheerenden Altstadtbrand im Jahr 1706 an die hugenottische Schwester angeglichen worden.

Den Besucher führt Claudia Koolmann an eine Stelle in der Planstadt, wo ihr diese im Wortsinne zu Füßen liegt: In das sogenannte Richter' sche Eck, benannt nach dem Stadtplaner Johann Moritz Richter (1647-1705). Und genau an der Stelle im nordwestlichen Randbereich der Idealstadtanlage von 1686, wo die einstige „Grande Rue", die den inneren Kernbereich umschließende Ringstraße abknickt und als heutige Goethe- und Heuwaagstraße einen rechten Winkel bildet, ist ein steinerner Stadtplan ins Straßenpflaster eingelassen. Was die Erlanger und ihre Gäste mit Füßen treten, ist aber nichts anderes als die Bauanleitung für eine Stadt, die den Idealvorstellungen ihrer Zeit entsprang und sich im barocken Europa immer wieder findet. „Das Richter' sche Eck ist in seiner Architektur und dem Straßenverlauf sozusagen das Scharnier, das den ganzen Plan zusammenhält", sagt Claudia Koolmann. „Dieses Eck ist bis heute das Vorbild für den Bauplan – die anderen drei Ecken wurden nämlich nie verwirklicht." Angeordnet hatte den Bau der Planstadt Markgraf Christian Ernst (1655-1712) von Brandenburg-Bayreuth, der französisch-„reformierte" Glaubensflüchtlinge in Erlangen ansiedeln wollte. Im Auge hatte er wohlhabende, handwerklich geschickte und wirtschaftlich erfolgreiche Hugenotten, die er dem bereits bestehenden Städtchen von Ackerbürgern hinzufügen wollte. Da er die Prosperität der künftigen Stadt durch die

Claudia Koolmann kann den Sinn dieses steinernen Stadtplans erklären.

Neuankömmlinge gewährleistet sah, entschloss er sich, südlich der „Altstadt“ die städtebaulichen Idealvorstellungen seiner Zeit umzusetzen. Ein „ordentlicher“ und symmetrischer Grundriss sollte die von den absolutistischen Landesherren garantierte Staatsordnung widerspiegeln. Um dies auch im Namen zu dokumentieren setzte sich der Gründer zudem ein Denkmal: Von 1701, also kurz nach ihrer weitgehenden Fertigstellung, bis zum Jahr der Neuordnung Bayerns durch Napoleon im Jahr 1812, hieß die Neustadt auch „Christian Erlang“.

Will man die heutige Erlanger „Neustadt“ verstehen, muss man sich an den in der Granitplatte verewigten Idealentwurf des Baumeisters Johann Moritz Richter von 1686 halten, der eine rechteckige Anlage mit zwei ungleich großen Plätzen zeigt. Die Symmetrieachse ist die zur „Rue Principale“, also zur Hauptstraße aufgewertete begradigte alte Landstraße nach Nürnberg, die Plätze gruppieren sich als heutiger Hugenottenplatz vor dem ersten „Temple“ – der Hugenottenkirche – und natürlich dem markgräflichen Schloss als Schloss- und Marktplatz. Dass der Bau des Schlosses erst 1700 begonnen wurde, änderte am Richter’schen Plan nichts.

Sieht man erst, wenn man darauf steht: Der Entwurf zur Planstadt Christian Erlang von Johann Moritz Richter.

Claudia Koolmann bleibt bei aller Liebe zur Erlanger Hugenottenstadt als einem „Denkmal von europäischem Rang“ nüchtern: „Natürlich ist das pure Herrschaftsarchitektur – wenn auch eine gelungene.“ Zumal die Ausbildung eines geometrischen Mittelpunkts vermieden wurde, die Baugruppen und die Straßen und Plätze harmonischer gegliedert erscheinen, Gebäudehöhen und Straßenbreiten aufeinander abgestimmt sind. Im Interesse einer übergeordneten Einheitlichkeit der Häuserzeilen sollten einzelne Gebäude weitgehend auf individuelle Verzierungen verzichten.

Obwohl kaum ein Haus dem anderen völlig gleicht, entstand ein einheitliches Bild der gesamten Stadtanlage und „entsprach somit eher den Vorstellungen der Obrigkeit als denen der Bürger", wie Claudia Koolmann ihren Satz von der Herrschaftsarchitektur präzisiert. Die Bauherren, die zwangsweise mittellos angekommenen Hugenotten, konnten sich umso leichter nach den Vorschriften richten, zumal ihnen häufig Bauplatz und -materialien kostenlos zur Verfügung gestellt und für den Hausbau langjährige Steuerfreiheit in Aussicht gestellt wurde.

Dass die Erlanger Altstadt nach dem Brand im Jahr 1706 die städteplanerischen Grundlagen der Neustadt aufnahm und bis auf wenige topografisch bedingte Ausnahmen beim Wiederaufbau kopierte, führte zu dem heute recht einheitlichen Bild von Neu- und Altstadt. Die geschlossenen Häuserreihen bringen Ruhe ins Stadtbild und strahlen Harmonie aus. Das hat aber auch eine Kehrseite: Nachdem sich der Geschmack beim Stadtbild in der Neuzeit wandelte, hat sich die Stadt bei Besuchern den Ruf erworben, etwas langweilig zu sein. Das aber kann nur der empfinden, der sich bei den Fassaden aufhält: dahinter geht es in Innenhöfen und Gärten ziemlich bunt zu.

Peter Millian

So geht's zum Grundriss:

Der Grundriss ist an der Stelle in den Boden eingelassen, an der die Goethe- und die Heuwaagstraße aufeinanderstoßen.

haben es zu früh verloren
euer Leben fortzudichten
Hier ruhen
Ernst Rückert

50

Rückert-Birke

Eine Liebeserklärung für die Ewigkeit

5 Zentimeter dick, 14 Zentimeter im Durchmesser und mehr als nur gut abgelagert ist die Holzscheibe, die Johannes Wilkes behutsam aus einem Stoffbeutel hervorholt. Sie als Kaminholz zu verfeuern, würde für ihn keinesfalls in Frage kommen. „Sie ist noch ein Teil des Originalbaumes, mehr als 150 Jahre ist dieses Stück Birkenholz alt", unterstreicht Wilkes die Besonderheit des kleinen Holzstücks. Über den Baum, von dem die Holzscheibe stammt, hat der Vorsitzende des Erlanger Rückert-Kreises viel zu erzählen. Er sitzt mit überschlagenen Beinen auf einem Bänkchen im Schatten der kleinen Friedhofskapelle auf dem Neustädter Friedhof und schaut auf, ja, worauf eigentlich?

Der Baum, dessen Geheimnis es zu lüften gilt, präsentiert sich dem Betrachter auf den ersten Blick wie ein großer Efeu, der sich immer weiter in alle Himmelsrichtungen ausbreiten will. „Der Efeu, ein Symbol für die Ewigkeit, hat eine schützende Funktion und hält ihn zusammen", erklärt Johannes Wilkes. Er, das ist der Stamm eines Birkenbaumes, der sich nur entdecken lässt, wenn man das dichte Blattwerk vorsichtig beiseite schiebt. Johannes Wilkes weiß: „Die Birke war riesig, 20 Meter hoch, sie hat alles überragt. Sie ist vielleicht der literarischste Baum Erlangens." Ein literarischer Baum? Johannes Wilkes, im Brotberuf Kinder- und Jugendpsychiater in Erlangen und „im Nebenerwerb" Schriftsteller und Krimiautor weiß: „Diese Birke ließ Friedrich Rückert pflanzen."

Der 1788 in Schweinfurt geborene Sprachgelehrte gilt als Begründer der deutschen Orientalistik. Und reüssierte als wahres Sprachgenie, das sich mit mehr als 40 Sprachen beschäftigte – übersetzend, lehrend und erforschend. „Viele Menschen sagen, Rückerts Koran-Übersetzung bringt die Schönheit dieser Sprache zum Klingen", berichtet Wilkes. Im Erlanger Schlossgarten ist ihm ein Denkmal in Form eines Brunnens gewidmet.

Hin und wieder ist Johannes Wilkes bei der Rückert-Birke auf dem Neustädter Friedhof anzutreffen.

Doch warum ließ Rückert auf einem Friedhof, Luftlinie rund 500 Meter vom Schlossgarten entfernt, eine junge Birke setzen? „Die Birke steht für das Helle, das Lichte, sie steht für das Leben und sie wächst schnell, sodass sich der Blick des Trauernden auf sie nach oben richtet", sagt Wilkes. Rückert landete 1826 in Erlangen an, als der dem Ruf der Universität als Professor für orientalische Sprachen und Literaturen folgte.

In seinem späteren Lehrgedicht aus dem Jahr 1836 *Die Weisheit des Brahmanen* heißt es: „Je mehr die Liebe gibt, / je mehr empfängt sie wieder. / Darum versiegen nie, / des echten Dichters Lieder./ Wie sich der Erdschoß nie erschöpft, / an Lust und Glück, / Denn alles was er gibt, / fließt auch in ihn zurück."

Die efeuumrankte Birke wacht über die letzte Ruhestätte zweier Friedrich-Rückert-Kinder.

Rückerts Worte, die man als Liebeserklärung verstehen kann, wirken umso intensiver, fragt man Wilkes nach dem Grund der Baumpflanzung. „Rückert setzte diesen Baum auf das Grab seiner beiden jüngsten Kinder Ernst und Luise, das am Fuße des Baumes noch zu sehen ist. Die beiden waren seine Lieblingskinder", hat der Erlanger herausgefunden. Alle seiner sechs Kinder erkrankten wohl an Scharlach, vier überstanden die Krankheit. Rückerts Trau-er über den Tod der zwei, die dahingerafft wurden, muss unendlich groß gewesen sein. „Ein halbes Jahr lang war er nicht mehr in der Lage zu dichten – nur die ‚Kindertodtenlieder' entstanden in dieser Phase." Die 428 Gedichte schrieb Rückert in den Jahren 1833/1834, ihre Berühmtheit erlangten sie später durch die Vertonung Gustav Mahlers (1860-1911). „Für Menschen, die heute trauern, sind sie von unglaublichem Trost.

Jeder Aspekt von Trauer ist literarisch verarbeitet, das geht unter die Haut. Hier schrieb einer aus der Tiefe seiner Seele", ordnet Wilkes ein. Die Gedichte, niedergeschrieben auf einzelnen Blättern, hielt auch Rückerts Ehefrau in Händen: „Die Tinte war verwaschen, Tränen flossen beim Lesen der Gedichte."

Oberhalb des schmalen Grabsteines, der ein wenig an Tuffstein erinnert, befindet sich in einer längst morsch gewordenen Holztafel, die am Birkenstamm befestigt ist, eine Strophe aus Rückers Lied *Immer that ich ihren Willen*. Noch immer auf der kleinen Bank sitzend, verliert sich Johannes Wilkes' Blick in der efeuumrankten Birke. „Oh, da nistet eine Amsel, das hab' ich noch nicht gesehen." Er ist sich sicher: „Das würde dem Herrn Rückert gefallen, er war ein Naturfreund und liebte Vögel." Doch der Baum auf dem Friedhof habe für Friedrich Rückert eine weitaus tiefere Bedeutung, sagt Wilkes. „Er dachte in Zyklen und ging davon aus, dass die Birke das Leben der beiden Kinder aufnimmt."

„Die Birke war riesig, 20 Meter hoch, sie hat alles überragt. Sie ist vielleicht der literarischste Baum Erlangens."

Die mächtige Birke von einst ist längst passé. Schon vor vielen Jahren attestierte die Friedhofsverwaltung dem Relikt mangelnde Standsicherheit. Der Baum musste viele Äste lassen. Und eine Holzscheibe von einem dieser Äste trägt Johannes Wilkes bei sich: Einen kleinen Teil dessen, was entfernt wurde, haben sich Wilkes und der Friedrich-Rückert-Kreis gesichert.

Ilona Hörath

So geht's zur Rückert-Birke:

An der Äußeren Brucker Straße 26 liegt der Eingang zum Neustädter Friedhof. Der Weg zur Rückert-Birke führt rechts an der kleinen Kapelle vorbei, dann gleich wieder links.

Quellen, Literatur, Bildnachweis

Bleiweis, Wolfgang; Klebes, Günter: Lokalbahn Erlangen-Bruck-Herzogenaurach, Schweinfurt 1994.

Buchelt, Jochen; Schieber, Martin; Dörfler, Hans-Diether: Ein Erlanger, bitte! Die Geschichte der Erlanger Brauereien, Erlangen 2000.

Deuerlein, Ernst: Erlanger Hauserneuerungen, hier: Martin-Luther-Platz 5, Erlanger Tagblatt v. 11.5.1928, Stadtarchiv Erlangen, o. Seitenangabe.

Die Sammlungen der Universität Erlangen-Nürnberg: Begleitband zur Ausstellung „Ausgepackt. Die Sammlungen der Universität Erlangen-Nürnberg", Erlangen, 2007, S. 153-160.

Engelhardt, Thomas: Zwischen Glanz und Elend: „300 Jahre Palais Egloffstein". In: Erlanger Nachrichten vom 24. Dezember 2018, S. 36.

Erlanger Heimatblätter: Der Brunnen auf dem Dietrich-Eckart-Platz, 22. Jahrgang, 1939.

Erlangen sichtbar – unsichtbar. Projekt der Kunstkommission Erlangen in Zusammenarbeit mit dem Stadtmuseum Erlangen. URL: http://www.er1900.de. Abgerufen am 28. 07. 2019.

Erlanger Stadtlexikon, Hrsg.: Friedrich, Christoph/Haller, Berthold Frhr. von/Jakob, Andreas, Erlangen, 2002.

Fichtner, Fritz : „Der romanische Vorgängerbau der Brucker Kirche. - Ergebnisse einer Notgrabung anläßlich der Generalrenovierung im Jahre 1958". In: Erlanger Bausteine zur Fränkischen Heimatforschung, Band 6: Festschrift zur 40-Jahrfeier des Heimatvereins.

Friederich, Christoph; Frhr. von Haller, Berthold; „Jakob, Andreas". In: Erlanger Stadtlexikon, Erlangen, 2002.

Friederich, Christoph (Hrsg:): 300 Jahre Hugenottenstadt Erlangen - Vom Nutzen der Toleranz, Ausstellungskatalog, o.O. 1986.

Großner, Rudolf: Postgeschichte der Stadt Erlangen, Erlangen 1979.

Heimat- und Geschichtsverein Erlangen e.V. (Hrsg.): Erlanger Bausteine zur fränkischen Heimatforschung, Band 51, o.O 2006, S. 177-192.

Hörath, Ilona: „Wissen, das Geschichte schreibt". In: Friedrich-Alexander-Universität Erlangen-Nürnberg (Hrsg.): Friedrich, Wissen in Bewegung. Forschungsmagazin der Friedrich-Alexander-Universität, 2017, S. 18.

Jakob, Andreas: „Die Neustadt Erlangen". In: Stadtlexikon, Erlangen 2002, S. 34-37.

Johrendt, Johannes.: „Kapital und Arbeit in der Ära des industriellen Wachstums 1870–1914". In: Sandweg, Jürgen: Erlangen - Von der Strumpfer- und Siemensstadt - Beiträge zur Geschichte Erlangens vom 18. zum 20. Jahrhundert, Erlangen 1982.

Kunstpalais Stadt Erlangen (Hrsg.): Heinrich Kirchner Skulpturengarten, o.O., o.J.

Kunstverein Erlangen e.V. und Stadt Erlangen (Hrsg.): Erlangen zwischen den Jahrtausenden. Planung und Stadtentwicklung von 1995-2005, Erlangen 2006.

Leven, Karl-Heinz/Plöger, Andreas (Hrsg.): 200 Jahre Universitätsklinikum Erlangen, Köln / Weimar /Wien 2016.

Lohmaier, Gotthard (Hrsg.): Ausrangiert: Die Geschichte einer Eisenbahnstrecke vom Bau bis zur Stillegung, Nürnberg 1991.

Lohbauer, Christian: „Ortschronik Hüttendorf". In: Land-Chronik, Fürth 1892, S. 194-197.

Mende, Mathias: „Zum Erlanger Kanaldenkmal von Ludwig Schwanthaler". In: Museen der Stadt Nürnberg, Ausstellungskatalog, 1972.

Müssel, Karl: „Johann Kalb, der fränkische Steuben 1721-1780". In: Erlanger Bausteine zur fränkischen Landesforschung, Bd. 28, Erlangen 1981.

Nadler, Martin: Materialien aus der Ausstellung „Rätsel Kosbacher Altar“, Stadtmuseum Erlangen, 2014.

Nürmberger, Bernd (Bearb.): Das Lagerbuch der Neustadt Erlangen von 1745. Eine bebilderte Hausgeschichte, Erlangen 2015, S. 26-27.

Nürmberger, Bernd: Denkmaltafeln und -platten in der barocken Planstadt Erlangen, Erlangen 2017, S. 37, 39, 41.

Nürmberger, Bernd: Der markgräfliche Wasserturm und die Wasserversorgung des Schlossgartens in Erlangen, Erlangen 2004, S. 37 ff, S.70.

Nürmberger, Bernd: Die ratslehenbaren Zinsgüter und Grundstücke der Altstadt Erlangen in der ersten Hälfte des 18. Jahrhunderts. Zugleich ein Beitrag zur Geschichte der Erlanger Mühlen. Erlangen 2006, S. 67, 86-87.

Nürmberger, Bernd (Hrsg): Erlangen - Kunst im Stadtbild. o.O., 2007.

Nürmberger, Bernd: Der markgräfliche Wasserturm und die Wasserversorgung des Schlossgartens in Erlangen, Erlangen 2004, S. 37 ff.

Nürmberger, Bernd (Hrsg.) Erlangen. Kunst im Stadtbild. Fotographie: Bernd Böhmer. Erlangen 2007, 22-23, 97.

Präg, Christof: Erlanger Kunstbrunnen, Facharbeit für die gymnasiale Oberstufe, Erlangen 1972.

Seelow, Hubert (Hrsg.): Nordische und Deutsche Literatur im Zeitalter der Romantik. Ein Symposium zum 200. Geburtstag von P. U. Kernell, Erlanger Forschungen Reihe A, Geisteswissenschaften, Band 93, Universitätsbund Erlangen-Nürnberg, Universitätsbibliothek Erlangen-Nürnberg, Erlangen 2000.

Stadtarchiv Erlangen und Entwässerungsbetrieb der Stadt Erlangen (Hrsg.): Sauberes Wasser! Der Entwässerungsbetrieb der Stadt und seine Geschichte, Erlangen 2013.

Stadtlexikon, a.a.O., S. 131, 140, 141, 159, 167, 189, 217, 231, 269, 278, 310, 340, 374, 377, 404, 413, 431, 432, 433, 441, 483, 484, 494, 496, 514, 524, ‚545-547, 582, 593, 599, 600, 601, 618, 633, 655, 741, 743, 764.

Wachter, Clemens: Das Erlanger Schloss. Von der markgräflichen Residenz
zum Sitz der Zentralen Universitätsverwaltung, Kleine Schriften zu Kultur und Geschichte der Friedrich-Alexander-Universität. Heft 1. Erlangen 2005.

Welss, Walter; Kress, Hubert: „Die Neischl-Höhle im Botanischen Garten - ein verstecktes Juwel erhält neuen Glanz“. In: Stadt Erlangen (Hrsg.): Rasen, Rosen und Rabatten - Historische Gärten und Parks. Tag des offenen Denkmals in Erlangen, 2006, S. 18-24.

Bildnachweis

S. 9 Autorenfoto Eva-Maria Bast: Fotohaus Kerstin Sänger

Haftungsausschluss

1 Zangenloch
2 Wappen
3 Initialen
4 Dreifuß
5 Gelbes Haus
6 Reifbräu-Stüberl
7 Steinblock
8 Endpunkt
9 Fahrtzielanzeiger
10 Bienenkorb
11 Fisch
12 Rind und Hund
13 Löwe
14 Einhorn
15 Handschuh
16 Brunnenbuberl
17 Weißes Lamm
18 Blätterfruchtgebinde
19 Ruhstein
20 Vase
21 Kapelle
22 Eisenring
23 Kosbacher Altar
24 Luftschacht
25 Bronzeplatte
26 Karzer
27 Rohre
28 Höhlenfenster
29 Taube
30 Sonnenhände
31 Martin
32 Literatengrab
33 Wasserturm-Ausleger
34 Breze
35 Kaiser-Oval
36 Ananas

37 Brückkanal
38 Zollhäuschen
39 Stollenausgang
40 Emporenbretter
41 Schrebersäule
42 Goldplatte
43 Fresko
44 Adler
45 Stadtmauer
46 Moulagen
47 Löwenkopf
48 Balkon
49 Grundriss
50 Rückert-Birke

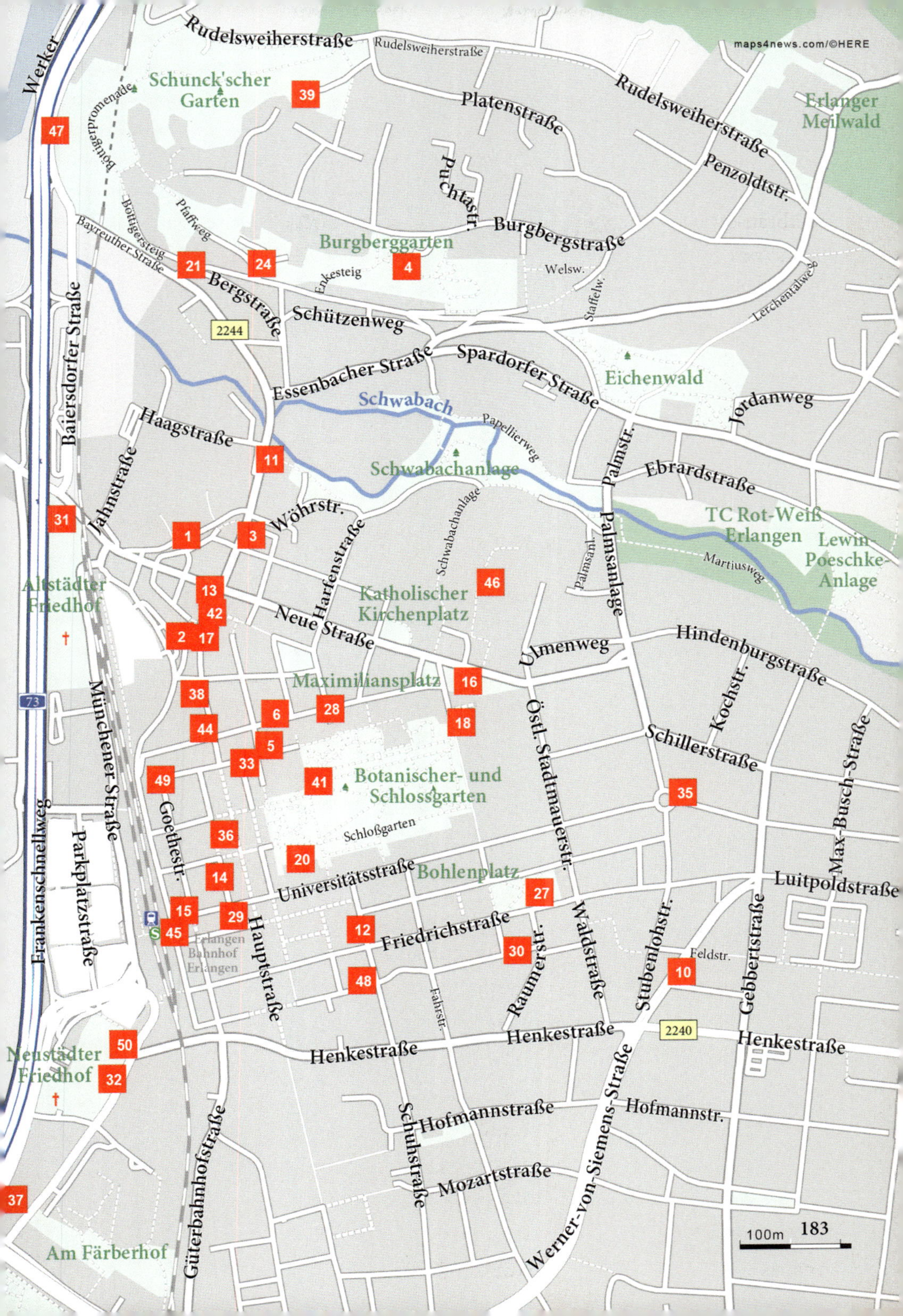

maps4news.com/©HERE
Rudelsweiherstraße
Schunck'scher Garten
Platenstraße
Penzoldtstr.
Erlanger Meilwald
Werker
Pauchtastr.
Burgbergstraße
Burgberggarten
Pfaffweg
Böttigersteig
Bayreuther Straße
Bergstraße
Enkesteig
Welsw.
Staffelw.
Lerchentalweg
Schützenweg
Baiersdorfer Straße
Essenbacher Straße
Spardorfer Straße
Eichenwald
Jordanweg
Schwabach
Papellierweg
Haagstraße
Schwabachanlage
Palmstr.
Ebrardstraße
Jahnstraße
Wöhrstr.
Harfenstraße
TC Rot-Weiß Erlangen
Lewin-Poeschke-Anlage
Martiusweg
Palmsanl.
Palmsanlage
Altstädter Friedhof
Katholischer Kirchenplatz
Neue Straße
Ulmenweg
Hindenburgstraße
Maximiliansplatz
Kochstr.
Schillerstraße
Max-Busch-Straße
Münchener Straße
Botanischer- und Schlossgarten
Östl. Stadtmauerstr.
Goethestr.
Schloßgarten
Frankenschnellweg
Parkplatzstraße
Universitätsstraße
Bohlenplatz
Luitpoldstraße
Waldstraße
Stubenlohstr.
Gebbertstraße
Erlangen Bahnhof Erlangen
Hauptstraße
Friedrichstraße
Raumerstr.
Feldstr.
Fahrstr.
Henkestraße
Neustädter Friedhof
Schuhstraße
Hofmannstraße
Hofmannstr.
Werner-von-Siemens-Straße
Güterbahnhofstraße
Mozartstraße
Am Färberhof
100m

23
Mönau
Wellesweiher
Alterlangen
Hammerbacher
Wald
Kosbach
Dummetsweiher
Neuweiher
Hegenigstr.
Mönaustr.
Mönauweiher
Adenauerring
Büchenbach
Beutelsdorf
Haundorf
Häusling
Doktorsweiher
Haundorfer Straße
Kieselberg
Kieselbergstraße
Kastenweiher
2244
Herzogenaurach
Steudach
Hans-Ort-Ring
Am Klosterholz
Herzogenaurach
Klosterholz
Rathgeberstraße
Hans-Ort-Ring
K.-May-Str.
2244
Frauenaurach
Lohhofer Straße
P.-Fleischmann-Str.
Niederndorf
Niederndorfer Straße
Neuses
3
9
Hauptendorf
Vacher Straße
Kriegenbrunn
43
Römerreut
Hüttendorfer Straße
2263
Burgwald
Kirschenholz
Hüttendorf
maps4news.com/©HERE
21
25

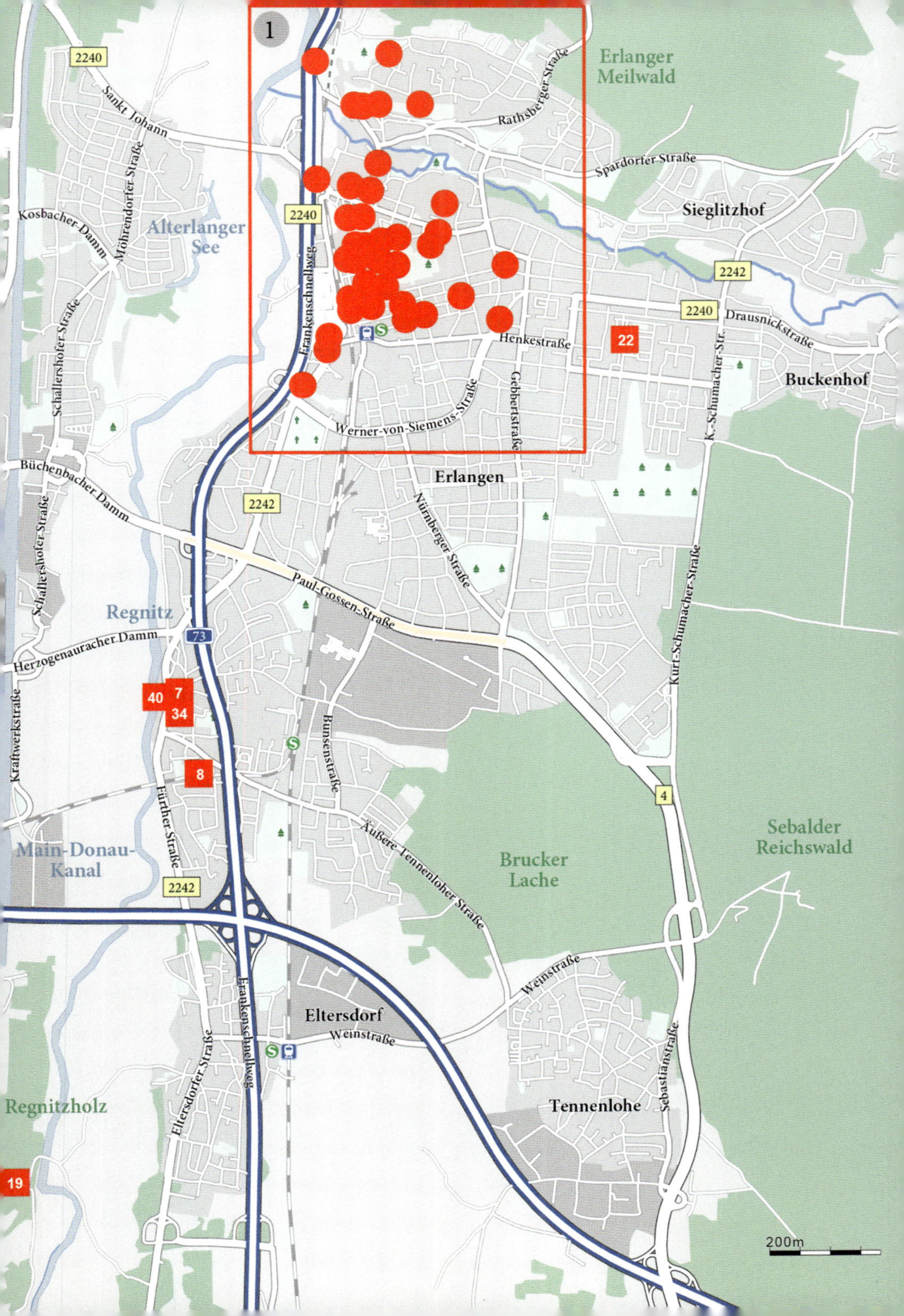

1
Erlanger Meilwald
Rathsberger Straße
Spardorfer Straße
Sieglitzhof
2240
2242
Drausnickstraße
Henkestraße
22
Buckenhof
K.-Schumacher-Str.
Werner-von-Siemens-Straße
Gebbertstraße
Frankenschnellweg
Erlangen
Sankt Johann
Möhrendorfer Straße
Kosbacher Damm
Alterlanger See
Schallershofer Straße
Büchenbacher Damm
Nürnberger Straße
Paul-Gossen-Straße
Regnitz
73
Herzogenauracher Damm
40
7
34
8
Kraftwerkstraße
Bunsenstraße
Kurt-Schumacher-Straße
4
Äußere Tennenloher Straße
Fürther Straße
Main-Donau-Kanal
Brucker Lache
Sebalder Reichswald
Weinstraße
Eltersdorf
Elterdorfer Straße
Regnitzholz
Tennenlohe
Sebastianstraße
19
200m

SIE WOLLEN NOCH MEHR ÜBER

Erlangen

WISSEN?

Hier gibt es sachkundige Informationen:

Dr. Ingrid Moor
Kunsthistorikerin - Konzeption und Durchführung von Vermittlungsangeboten
Rundgangsleiterin bei Geschichte für Alle, Nürnberg.
Lettenweg 6
91056 Erlangen
E-Mail: Ingrid.Moor@web.de

Erlanger Rückert-Kreis
Lesungen, Konzerte, Führungen, Exkursionen
Krähenhorst 5
Telefon: 09131 / 530606
E-Mail: johanneswilkes@aol.com
Homepage: www.rückert-kreis.de

Heimat- und Geschichtsverein Erlangen e.V.
Luitpoldstr. 45
91052 Erlangen
E-Mail: info@hgv-erlangen.de
Telefon: 09131 / 29463

Erlanger Tourismus- und Marketing-Verein (ETM)
Werner-von-Siemens-Straße 32B, 91052 Erlangen
Telefon: 09131 / 89510

Thomas Engelhardt
Historiker, ehem. Leiter des Stadtmuseums Erlangen / Arbeitsschwerpunkte: Recherchen, Vorträge, Führungen, Publikationen und Ausstellungen zur Erlanger Stadtgeschichte
Am Meilwald 39
91054 Erlangen
Telefon: 09131 / 829223
Mobil: 0170 / 7363458
E-Mail:
thomas.engelhardt-erlangen@t-online.de

Dagmar Seck
Rundgangsleiterin bei Geschichte für Alle e. V. - Institut für Regionalgeschichte
Stadtführungen für Einzelbesucher oder Gruppen in verschiedenen Fremdsprachen - Der Verein bietet mit seinen Stadtrundgängen und Bildungsprogramm Einheimnischen und Besuchern seit über dreißig Jahren die Möglichkeit, mehr über Geschichte, Alltagsleben und das akutelle Stadtgeschehen zu erfahren und miteinander ins Gespräch zu kommen.
Wiesentalstr. 32
90419 Nürnberg
Telefon: 0911 / 30736-0
E-Mail: info@geschichte-fuer-alle.de
Homepage: www.geschichte-fuer-alle.de

Publikationen:

Wilkes Johannes
Kant kam nicht - Dichter und Denker in Erlangen
Erscheinungsort Erlangen
Erscheinungsjahr 2001

EVA-MARIA BAST | HEIKE THISSEN | HARTMUT VOIGT
Nürnberger
Geheimnisse
SPANNENDES AUS DER FRANKENMETROPOLE
MIT KENNERN DER STADTGESCHICHTE
NÜRNBERGER
Nachrichten
PREIS-
GEKRÖNTE
BUCHREIHE

Inhalt

...eses Denkmals beschäftigt.

...y"

...t es nicht weit bis zu diesem Denk-... Redaktionsgebäude der *Nürnberger* ...st, muss er nur um zwei, drei Ecken ... steht er vor diesen Papierstapeln aus ... mag das Denkmal und den Ort, denn ... Mann, der die Grundlage dessen schuf, ...nz – selbst in Zeiten der Digitalisierung – ...apier. „Dieses Denkmal ist Ulman Stromer ...berger Ratsherren und Unternehmer, der um ... Pegnitz die erste Papiermühle in Deutschland ...n der Stelle, an der das Denkmal heute steht, der ...s noch anders", erklärt er. ...ch die Wasserkraft der Pegnitz zunutze machte – ...n Wasserrad mit 18 schweren Stampfern an –, war

Die Kreuzwegstationen stehen heute ohne Sinnzusammenhang entlang der Burgschmietstraße und der Johannisstraße.

Kreuzwegstation

Im richtigen Schrittmaß zum Friedhof

02

Sie finden sich zwischen Tiergärtner Tor und Johannisfriedhof entlang der Burgschmietstraße scheinbar zufällig verstreut. Einige von ihnen sind in Hausmauern eingelassen, andere stehen mitten auf dem Fußgängerweg. So erschließt sich längst nicht jedem Betrachter, was es mit den hoch aufragenden Sandsteinreliefs auf sich hat. Das wäre im Mittelalter, als der berühmte Nürnberger Bildhauer Adam Kraft (1455-1509) die sieben monumentalen Darstellungen der Passionsgeschichte schuf, nicht passiert. „Damals wusste jeder, der sie sah, dass es sich dabei um Kreuzwegstationen handelt", sagt Marco Kirchner und streicht über eines der

13